上帝亲吻过的女人

Audrey Hepburn

做赫本
一样的女人

上帝亲吻她的脸，赋予了她美丽与善良。

她的优雅与端庄通过银幕，落入世人的眼，融化人们的心。

她是奥黛丽·赫本。

纵然生活、事业、爱情、亲情、友情里交织着诸多的幸运与苦难，她总是静默地咀嚼辛酸，珍惜幸福，绽放优雅。

她用一生优雅的传奇，告诉世人，天使曾来过人间。

郑苹 著

中国纺织出版社

内 容 提 要

她是银幕上璀璨的明星，她是高雅、美丽与气质的代名词，她是女人心中永不老去的公主和女神，她就是奥黛丽·赫本，正如有句话说的："有一种美，叫奥黛丽·赫本。"但赫本为什么能成为世界上最迷人的女人呢?

本书带领我们去了解和欣赏一个真实、全面、优雅且有智慧的赫本，去领悟她的独特魅力，从而帮助女人找到自身的优势，与原来不自信的自己告别，以此来提升和打造自己的魅力，最终活出属于自己的精彩。

图书在版编目（CIP）数据

做赫本一样的女人／郑苹著.—北京：中国纺织出版社，2016.10（2023.1 重印）
ISBN 978-7-5180-2710-1

Ⅰ.①做… Ⅱ.①郑…Ⅲ.①赫本，A.（1929-1993）—人物研究 Ⅳ.①K835.615.78

中国版本图书馆CIP数据核字（2016）第129563号

策划编辑：郝珊珊　　责任印制：储志伟

中国纺织出版社出版发行
地址：北京市朝阳区百子湾东里A407号楼　邮政编码：100124
销售电话：010—67004422　传真：010—87155801
http：//www.c-textilep.com
E-mail：faxing@c-textilep.com
中国纺织出版社天猫旗舰店
官方微博http://weibo.com/2119887771
佳兴达印刷（天津）有限公司印刷　各地新华书店经销
2016年10月第1版　2023年1月第3次印刷
开本：710×1000　1/16　印张：15
字数：180千字　定价：45.00元

前言

提到奥黛丽·赫本，我们大概就能想到这些名词——“银幕上最美丽的女人”“自然与美的化身”。她是“优雅”的代名词，时尚杂志《ELLE》也将赫本评选为“有史以来最美丽女人”第一名。在其成名作和代表作电影《罗马假日》中，赫本所扮演的渴望自由和性格活泼的公主让所有人迷上了她的微笑。

奥黛丽·赫本是英国知名音乐剧与电影女演员，出生于比利时布鲁塞尔，晚年曾经担任联合国儿童基金会（UNICEF）特使。身为好莱坞最著名的女星之一，她以高雅的气质与有品位的穿着著称。她生前主演的多部电影例如《罗马假日》《蒂凡尼早餐》和《窈窕淑女》等，至今仍为荧屏经典。1993年1月20日，奥黛丽·赫本因为结肠癌病逝于瑞士特洛什纳的住所，享年63岁。从此，我们失去了一位梦想中的公主。奥黛丽·赫本让许多人相信，天使确实来过人间。

的确，奥黛丽·赫本虽然纤细瘦弱，性格也像男孩子一样随意，但她影响并改变了半个多世纪以来人类的审美与时尚潮流，从《罗马假日》开始，当我们看到短发的她，她就印刻在了我们的脑海中，从此，所有的女孩都模仿她的姿态和穿着。赫本很擅长根据自己的容貌和身材特点来发展属于自己的穿衣风格，将短发、简洁衣裤以及平底鞋带入了大众视线，以绝对的勇气引领了时尚风潮。在电影里，她所扮演的安妮公主穿着圆裙和腰身打结的白色无皱棉质衬衫，卷起袖子，脖子上系着丝巾，分明就是一个到罗马旅行的大学生。在罗马街头，她雀跃着、奔跑着，肆意欢笑，给这个寂静的古城带来了一抹新意。

有人说，赫本之美，一是来自她那清水出芙蓉的外表，一是来自她那纯净质朴的内心。她的美不势利、没有攻击性，毫不矫揉造作，不得不承认，有不少女性的五官和身材比她完美，但没有一个女人像她那样美得简单、自然。

赫本曾经说过："我的生活不是理论或公式，而是出于本能或常识。'道理'比任何词都贴切，我从每个人、每件事上学到了道理，从母亲身上，从芭蕾舞老师身上，从时尚杂志上，从生命、自然和健康的法则上都学到过。"正是这种出于本然的意识，成就了赫本真实动人的美丽。

除了美貌，赫本为人的低调友善、对待工作的敬业勤恳同样让人难忘。两度获得奥斯卡最佳导演奖项的比利·怀尔德曾言，赫本身上呈现的是一些消逝已久的品质，如高贵、优雅与礼仪等。"连上帝都愿意亲吻她的脸颊，她就是这样一个讨人喜欢的人。"这位大导演如是说道。

赫本走了，她给女性以及所有人带来的感动与爱，不仅仅是因为她的美、她的品行，还因为她是一个内心充满爱的女人。赫本在晚年时期，曾受邀出任联合国儿童基金会慈善大使，为第三世界的妇女与儿童争取权益。她还获得了美国公民的最高荣誉"总统自由勋章"；在联合国也有她的塑像，并命名为"奥黛丽精神"，她是唯一获此殊荣的人。听闻她的死讯之时，伊丽莎白·泰勒伤感地说，天使回到了天国。由此，她被誉为"在人间的天使"。

我们发现，相对于赫本，生活中不少女性活得太沉重了，不少人总是浓妆艳抹，总是追逐所谓的时尚，她们费尽心思，总是企图让自己看起来更高深一点，总是企图将最好的一面展现给他人，却忽略了一点，真正的美是来自淳朴的心灵和真诚，是纯真的，是掩饰和不虚伪的。这才是最好的潇洒之美。

事实证明，只有真实之美才是最有生命力的。赫本并不是完美无缺的，但赫本是最真实的，本书就是让我们了解到一个最优雅迷人、最真实动人的赫本。本书娓娓道来，让我们看看天使般的赫本是怎样演绎自己的完美人生的，又是用怎样的优雅去迷倒众生……感受她的人生，可以让你收获女人一生幸福美丽的秘籍。赫本也告诉生活中的女性如何打造出自己独特的魅力，让每个女人都能找到自己的闪光点，汲取智慧的营养，提升个人魅力，进而成为像赫本那样受人欢迎的女人！

郑华

2016年6月

目录

第一章

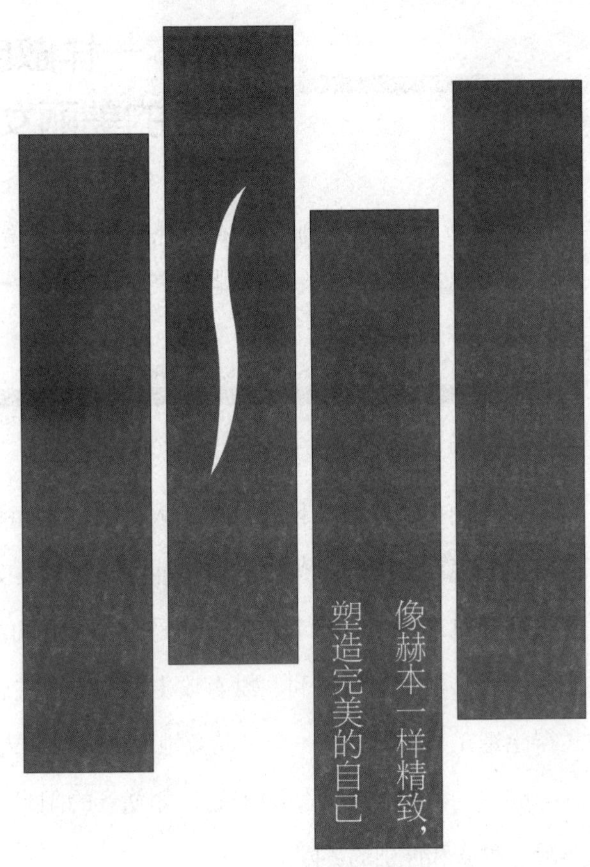

在快餐店服务员成为影星的时代中，很少有演员受过真正的教育，有修养或会弹钢琴。赫本纤细轻盈的身躯让看见她的人都过目不忘，她拥有与众不同的气质。她开创潮流，引领经典。

——导演比利·怀尔德

像赫本一样做自然纯真的美丽女人

她的美不势利、没有攻击性、没有造作的味道，有不少女人在五官上长得比她完美，却没有一个可以像她那样美得让人舒服。

女性的美是分很多种的，各花入各眼，不同类型的美丽也有不同类型的欣赏者。比如说和赫本同时代的影星玛丽莲·梦露，她的美走的是性感路线，对于成熟男性更有杀伤力。赫本的美，却是一种矛盾的混合体，融合了贵族的优雅和孩童的纯真。她的美不势利、没有攻击性、没有造作的味道，有不少女人在五官上长得比她完美，却没有一个可以像她那样美得让人舒服。

赫本的美丽，是天使的美丽，如初春的阳光直透人心，喜欢赫本的人，没有年龄、种族和性别的界限。

有一位作家说过，人们对于真话和谎言有着天生的分辨能力，同样，人们对于发自内心的美和装饰出来的美也有着天生的分辨能力。只能是那种出于自然的美，才可以充满打动人心的感染力。

赫本之美，一是来自她那清水出芙蓉的外表，一是来自她那纯净质朴的内心。

在赫本刚出道的20世纪50年代的美国，还是简·罗素（Jane Russell）式性感当道的时期，大胸细腰是无数女人的追逐目标，束身内衣、填得满满的尖锥形胸罩和钻孔锥一样细的高跟鞋是女人的性感武器。赫本的出现，给人带来了一种全新的感觉。赫本根据自身的容貌和身材特点发展属于自己的风格，将短发、简洁衣裤以及平底鞋带入了大众视线，以绝对的勇气引领了时尚风潮。在她的成名作和代表作电影《罗马假日》中，赫本所扮演的渴望自由和性格活泼的公主让所有人迷上了她的微笑。电影里，安妮公主穿着圆裙和腰身打结的白色无皱棉质衬衫，卷起袖子，脖子上系着丝巾，打扮得像初次到罗马旅行的大学生。她在罗马街头雀跃奔跑、肆意欢笑，让罗马这座带着寂静味道的古城多了一抹活跃的亮丽色彩。

奥黛丽·赫本的美是真实而自然的美，不矫揉造作，也不虚情假意。它就像风、云、水、树木、花草、空气般普通，却又无时无刻不散发着独特的魅力。这种美在人们刻意雕琢的世界里保持了最原始的真善美，毫无遮掩地袒露着最纯真的情感。

赫本的着装风格始终对流行时尚有着举足轻重的影响，而她的性格魅力也流传至今。赫本告诉我们，做女人很简单，就是要恰如其分地评价自己，遵从内心的感受，真诚地面对生活。

赫本成名后，人们对她的关注日益增多，她时常要面对各种各样的访问。对此，赫本有自己的看法："真不明白为什么他们总是问演员这种问题：你认为什么是爱、你做演员的感受是什么，甚至还会包括一些空泛的政治问题，范围之广让人惊讶。其实我就是一个天真的女演员，做自己的工作。难道我对中东地区政策问题的看法会引起什么波澜吗？我并不是说自己没有想法，问题是我的想法是否有价值。"

相对于赫本，许多女性的生活姿态就显得有些虚伪和沉重了。她们费尽心思，要把自己最好的一面展示在人们面前，用厚厚的脂粉和烦琐的饰品把自己装扮得更美丽，用一些似懂非懂的新名词把自己装扮得更高深。然而，她们忘记了风度神韵之美靠的是淳朴的心灵和真挚的表现。这是一种诚实、真实、踏实的生活态度，对人对事不虚伪、不狡诈，又愿意给人以诚信。真挚的女性对自己的风度之美既不掩饰也不虚饰，对他人美的风度既不嫉妒也不贬斥，而是泰然处之，使人感受到一种真正的潇洒之美。

赫本曾经说过："我的生活不是理论或公式，而是出于本能或常识。'道理'比任何词都贴切，我从每个人、每件事上学到了道理，从母亲身上，从芭蕾舞老师身上，从时尚杂志上，从生命、自然和健康的法则上都学到过。"正是这种出于本然的意识，成就了赫本真实动人的美丽。事实证明，只有真实之美才是最有生命力的。今天有许多年轻的女孩被时尚潮流和外部环境迷了眼，于是，一件件复制品在大街上随处可见，模仿秀扎堆出现在众人的眼前。可是这样的做法并不能显示出独特的气质，连外表的美都大打折扣，就如仿制的瓷器，不但没能以假乱真，反而烧制出一个个次品，浪费了上好的材料。

聪明的女性不是不需要镜子，而是能够从镜子里走出来，不为世俗偏见所束缚，做一个有灵魂的美女。淳朴是内在的思想通过外在的表现表达出来的气质感觉，是朴素无华，是纯真内敛，如静静开放的百合花，姿容洁白雅致，花香清新淡雅，与色彩浓艳、香味刺鼻的花朵比起来，它给人一种更舒服、惬意的感受，那就是属于它的最真实的美。

要时尚，但绝不要流俗

真正懂得时尚的女人应该脱离模仿、从众的初级阶段，萃取出它的本质和真义。

时尚是在特定时段内率先由少数人尝试，并认为后来将为社会大众所崇尚和仿效的生活样式。换一种说法，时尚，就是“时间”与“崇尚”的相加，是在短时间里一些人所崇尚的生活。

大多数女性都是时尚的追随者。这是因为女人具有一种迅速“扑向”新事物的好奇心，都想走在流行的尖端，领先其他的同性，向他人夸耀。如果跟不上潮流的话，她们就会感到羞耻，产生一种不甘居于人后的“失落感”。

追求时尚，这本身并没有什么问题，时尚可以帮助女人增强信心，保持心理上的年轻状态。可是如果坠入其中出不来，由时尚的欣赏者变成时尚奴隶，就有些本末倒置了。那些被时尚潮流支使得团团转的女人，是愚蠢的甚至是得不偿失的，不但提升不了品位，还大大委屈了自己的钱包。

时尚，你是追逐不上的，而只能把自己折磨得筋疲力尽。一方面，因为时尚的内容实在是太宽泛，变化又实在太迅速，顶尖的奢侈品是时尚，前卫新潮是时尚，稀奇古怪也是时尚，没有任何一个人可以完全掌控时尚的潮流，你的脚步永远也跟不上瞬息万变的现实。另一方面，时尚又受时间、地域所限，A地区的先锋形象可能在B地区却无人喝彩；今天还受到广泛追捧的东西，明天可能就成了被扔进垃圾筒的废品。

真正懂得时尚的女人应该脱离模仿、从众的初级阶段，萃取出它的本质和真义，来提升自己的审美与品位，打造专属于自己的美丽“模板”。

奥黛丽·赫本是20世纪最受崇拜与被争相模仿的女性之一，对于时尚，她认为，每个人都应着重寻找适合自己的风格，在此基础上根据流行风潮和季候变化进行精雕细刻，而不是人云亦云地追赶潮流。“越简单越好”是赫本时尚之道的核心。优雅通过简洁来体现，而与繁复无关的观点如今已是欧美时尚界的共识。

赫本鼓励女性去发掘与强调自己的优点，不仅改变了女性的穿着方式，也改变了女性对自我的看法。法国时尚设计师休伯特·德·纪梵希这样评价赫本：“她很清楚知道自己要什么，她了解自己的容貌与身材、优点与缺点。她知道要穿着削肩的晚礼服遮住自己嶙峋的锁骨。我为她设计的款式最终变成广受欢迎的时装，我将之命名为‘萨布丽娜露肩洋装’。”赫本了解自己的优点与缺点，她发展了属于自己的风格。她引领的风潮，前卫的风格几十年来风行不坠，历久弥新。她唯一的规则就是不盲目地跟着流行走，趋之若鹜。事实上，她总是遵循着自己的趣味，坚持着自己的步调。任何衣服穿在她的身上绝对不会显得喧宾夺主，这就是时尚界所说的“是赫本穿衣服，而不是衣服穿在赫本身上”。

懂得时尚的女人知道如何修饰自己，如何将自己最精彩的一面展现出来。尤其是新世纪的女性凭着自身丰富的阅历、敏捷的思维和较高的学历立足于现代都市，走在潮流的尖端，要懂得用独特的视角和见解来引导自己，用个性的色彩和感观强化自己，展示自己的风情，取悦自己的心灵。追求生活的高质量和活出率性的自我，可以说是一个现代女子所追求的最佳境界。

2008年6月18日，美国第一夫人米歇尔又让时装界大吃了一惊。在美国广播公司的《观点》节目录制现场，应邀担当嘉宾的米歇尔穿了一条无袖黑白两色太阳裙上场，优雅而自信，立刻引起关注。在节目中，米歇尔毫不隐讳地透露，她的这条裙子是在一家名叫“白宫/黑市”的连锁服装店买的，品牌是唐娜·里科（Donna Ricco），售价只有148美元。

这套服装虽然很平民化，但是非常适合米歇尔。它展示了米歇尔漂亮的三头肌，而别在左肩裙带上的黑色花束，加上她浓密的睫毛和小碎花卷发，让米歇尔显得优雅而有活力，充满了女性魅力。

米歇尔既会穿设计师品牌，也会穿平价服装，并将它们完美地搭配在一起。她最擅长以平价服饰搭配精品配件，走出一条更加实际的时尚路线，引来无数人争相仿效。

在一些评论家看来，米歇尔这种混搭名牌和大路货的风格不仅很现代，同时也反映了美国时尚界因时制宜的新风尚，是在经济不景气的情况下追求时尚的明智选择。美国女历史学家多丽丝·科恩斯·古德温对米歇尔着装风格的评价是：“她很可能成为一个典范，告诉美国的中产阶级有些衣服并不贵，但穿起来也很棒。”

女性的穿着时尚，是选择一些与自己身份与个性相匹配的品牌，通过巧妙的搭配，获得意外的惊喜。

乱花迷眼的时尚经过多年来花开花落之后，已越来越走向成熟。这种成熟的标志就是越来越多的女人开始不再与时尚盲目地“同流合污”，而是对时尚进行个性化的选择。

还有什么比流行时尚里的千篇一律更让人不能忍受？这种工业流水线上生产出的流行硬把千千万万鲜活生动的女人克隆成洋娃娃。在这里，时尚犹如一把尺子，最能丈量出女人靠近美的距离。

流行不一定适合你。服装、化妆品都有流行色，想赶时髦，就要在穿着上紧跟流行。但是，所有鼓动你购买流行服装和化妆品的说辞都出自服装设计部门和化妆品公司，而不一定是依据你的需要。那些流行潮流里掺杂着太多的商业因素，女人只有坚持己见，才能让自己的生活简单、明快，同时也塑造出自己独特的美丽。

女人为自己的容貌与气质负责

赫本说：“人们梦想拥有一个很大的游泳池，我却梦想拥有一个很大的衣橱。”

女性的美丽在于上天赐予她的身材、容貌等先天资本，也在于她对于美丽的觉醒和认识，从某种程度上说，后者甚至比前者更重要。如果一直坚持以“美女”的标准来要求自己，那么即使是一个普普通通的女人，她身上的美丽烙印也会越来越深。

被称之为“芳华绝代”的奥黛丽·赫本，其实并不是十足的美人。按照20世纪50年代的审美标准，赫本似乎太高挑纤细了，平胸，清瘦，细长的手足，这些都让她在一群群金发碧眼、丰乳肥臀的好莱坞美女中显得如此与众不同，即使是在重新掀起赫本风潮的今天，平胸的奥黛丽·赫本也不是当下标准中最完美的身材。赫本有着大而深邃的眼睛，深色的仿佛东方人的眉毛。她的五官与其说是漂亮，不如说是有个性。她的鼻梁宽度和长度相比显得有些窄，她的嘴巴有些宽，下嘴唇中间的凹隙显得有些明显，这些使得她不符合古典美的审美规范，她的下巴虽然精致美丽，但是和她略显夸张的宽大下颌骨并不相配。从整体效果来看，她的脸似乎有些太过棱角分明了，但是在她独特气质的衬托下，所有的缺点都荡然无存。

赫本之美胜在气质，胜在她对于自己“赫本风格”始终如一的坚持。像无数爱美的女性一样，赫本对于美丽的追求也是孜孜不倦的。她说：“人们梦想拥有一个很大的游泳池，我却梦想拥有一个很大的衣橱。”她对服装的见解与选择至今仍是全球女性模仿的对象。简单黑色小洋装、无领无袖洋装、白衬衫、剪裁合身的套装，或是俏丽七分裤、黑色高领毛衣、围巾，甚至平底芭蕾舞鞋、低跟鞋、大的黑色太阳眼镜都是她的注册商标。赫本以优雅、简洁、大方的风格表现出超越时尚流行的境界，诠释了一种经典之美。

20世纪80年代，赫本作为世界儿童基金会的形象大使到各地工作考察，在当时的纪录片里，赫本确实老了，眼角眉梢已有了明显的皱纹，但皮肤依然白皙，高挑，瘦削，腰板无论何时都挺得笔直。她有时戴着墨镜，显出沉稳的高贵，有时盘个简单的发髻，穿着素雅的便服和平跟运动鞋，非常平易近人。

赫本在20世纪90年代初患病的时候，仍然坚持出访，也依然精神昂然，不露疲态。她在美国电台做报告演讲，态度诚恳真挚，话语委婉铿锵，俨然一副战地前沿女战士的神情，面容果敢刚毅。

至今，人们还在看赫本的经典影片，在那纯美无邪的笑容里描画记忆和憧憬。赫本老去的只是年龄，她浑然天成的气质就像一团柔和明丽的光，可以照亮并温暖每一个人，而且感染力生生不息，她的美从未失去，反而更加闪耀。

人都是这样，从孩子长到青年，然后成人，又到老年，这种成长顺序是自然的流程，谁也不能使它逆转。我们感兴趣的是在这自然的流程中，应当怎样做才能长久保持美丽。做到了这一点，就能永葆青春，做到了这一点，就能优雅长久、魅力永存。

对容貌和气质高度负责的女人是永远不会让自己陷入沮丧和衰落中的。女人在每个年龄段都有其独特的美，或清纯可爱或优雅大方，有着不同的吸引力。

有很多老一辈的艺人和一些知识界的女性，在她们年老的时候，往往是一头波浪式的银发衬着鲜艳的纯色毛衣，连一些小饰物都搭配得一丝不苟。看到她们，会让相对年轻的女人们鼓起对美丽的信心，不再那么害怕年华的流逝。

女人的前途，在于对自身魅力的觉醒，并且永远不言放弃。对于每一个女人而言，自身的魅力都是她征服世界的最有力武器之一，如果你的魅力完全发挥出来，你就是聚光灯下那个万人瞩目的美女。

在今天这个繁华的世界里，一个时尚美女比一个蓬头垢面的柴火妞肯定可以开拓更广的空间、吸引更多的资源。放眼看去，那些在各个领域里独领风骚的女性出现在公众场合时，无不是衣着得体、笑容迷人，向人们展示着她们最富于吸引力的一面。

男人偶尔不修边幅还可以看作是有风度，女人却不可以。当我们有一天以为自己老了，放弃了节食，也不关心皮肤养护的时候，同样也表示着对于人生的放弃。蓬头垢面、不修边幅的女人是妻子、是母亲，对得起身旁的一大批人，却辜负了上天造就女人的苦心。自然界有很多娇柔美丽，四季都在开花的草木，世界上有许多像奥黛丽·赫本一样一生都优雅美丽的女人，我们应该向她们看齐，提升自己的魅力和素养。

女人不一定要惊艳，但要韵味无穷

素质、修养和个性是每一个女人的灵魂，会造就一个女人的独特魅力。

如果用花朵来比喻女人，那么有一种美丽胜在形状和颜色，有一种美丽胜在姿态和香气，同时，这也就是“第一眼美女”和“气质美女”的区别。

女性之美，仅仅外形惊艳是不够的，当年香港著名女作家亦舒评论以美貌著称的影星李嘉欣道“美则美矣，然全无灵魂”，这中间的是非恩怨我们且不管它，仅此一句话就让人恨恨不已，摆脱“花瓶”的称谓也成了许多女星的修炼方向。除此之外，另有一种女人并非美得耀眼、美得震撼，但是随着对她了解的深入，她的一颦一笑都浸润人心，越看越具有一种非凡的美丽。

奥黛丽·赫本，就是这一类女性的代表。

好莱坞黄金时代最伟大的导演之一比利·怀尔德说：“在快餐店服务员成为影星的时代中，屏幕上出现了一种饥渴，很少有演员受过真正的教育，有修养或

会弹钢琴。赫本纤细轻盈的身躯让看见她的人都过目不忘，她拥有大家都有或与众不同的品质。她开创潮流，引领经典，她就是另一个赫本（相对于另一位影星凯瑟琳·赫本而言）。”

素质、修养和个性是每一个女人的灵魂，会造就一个女人的独特魅力，这种魅力会使女人有别于其他人，独树一帜。女人美的灵魂是通过言行举止、衣着打扮表现出来的，也可通过女人独特的行事作风和处世原则表现出来，它会形成一种气质、一种风度。它会帮助女人在人群中自然而然地凸显自己，为人们所认识，在无形之中也会对别人产生某种影响力，激发别人对女人独特个性的信心和兴趣，女人也可能因而吸引到一大批的志同道合者，共创美好的明天。

1953年的一个下午，当时已经贵为法国高级时装界著名设计师的纪梵希突然在工作室接到一个电话，介绍人跟他说，赫本小姐正在巴黎，想与他见面，讨论一下能否在下一部电影中展开合作。

约会很快就定下来了。纪梵希很忐忑，因为他一直以为自己将要约会的是大名鼎鼎的凯瑟琳·赫本，而不是刚刚以《罗马假日》一夜成名的奥黛丽·赫本。但当纪梵希打开大门的时候却发现站在他面前的是一位年轻的女子，非常纤细高挑，有着小鹿般的大眼，短短的黑发，水手帽上还扎着一条红色的缎带，脸上带着顽皮的笑容。奥黛丽·赫本给纪梵希留下了非常独特的印象：“她实在太瘦太瘦了，就像一只脆弱的小动物，一捏就碎，虽然她不施粉黛，但双眸的明亮让人过目不忘。”

纪梵希告诉赫本：“小姐，我很乐意帮助你，但我的服装太简洁了，不适合做戏服，而且我正在准备下一季新的展览，我实在是不能为你设计服装了。”

但赫本的一双大眼中分明充满了殷切的希望，因为她早已在两年前就留意到纪梵希的才气，更重要的是她了解服装的魔力并相信自己的时尚判断力。面对一个如此热切的女孩，纪梵希只能不置可否地耸了耸肩。

于是赫本便开始在他混乱的工作室中挑选自己想要的戏服，她挑中试穿的第一件衣服是一件灰色的羊毛套装，是为另一位著名模特量身定做的。然而，当赫本穿上后出现在纪梵希面前时，他甚至有点无法相信自己的眼睛了。“她穿着那件灰色套装缓缓走来，真是神采飞扬，震惊了在场的所有人。”纪梵希说，“她的大眼中充满了兴奋，她说这正是她想要的在戏里的装扮。”纪梵希开始意识到面前的这个赫本将是自己设计的服装最合适的主人。而赫本也从这次试衣中确认了一种被自己一生奉行的时装品格。

纪梵希作为一位著名的时装设计师，对美女是司空见惯的，奥黛丽·赫本最终可以打动他，还是因为她拥有一种与众不同的“气场”。

在通常情况下，女人看女人，首先要通过下意识的比较，拿对方和自己比，再拿对方去比较标准的“美女模板”，然后她们会发现眼前这个女子，眼睛不是太大就是太小，鼻子不是太高就是太低，身材不是太胖就是太瘦。不管怎么说，世上那种“增之一分则太长，减之一分则太短”的美女几乎不存在，普通的女子也就在这种比较中获得了暂时的满足。其实，男人看女人不是这种“拆零”的看法，他们注重的是整体的韵味。

狮子座的女性杰奎琳是一个奇迹，尽管世人对她的所作所为并非完全赞同，但这不妨碍人们一如既往地迷恋她、崇拜她，杰奎琳是她那个时代最出色的偶像。

美国前总统肯尼迪与杰奎琳相遇时，还是一个年轻的风流公子，他曾经周旋在一个又一个的女人之间，但他一见到杰奎琳，就被她身上所散发出的超凡脱俗的迷人气质所吸引。肯尼迪的笔记中曾经这样写道：“杰基，看起来比我遇到过的其他年轻女人更有头脑，对生活目的有深厚的意识，而不是只炫耀自己的美丽。因此，我弓着身子从龙须菜上倾过身去要求和她约会。”

杰奎琳算不得传统意义上的美女，皮肤黝黑、眼距稍宽的相貌特征令她极富异国情调，过高的颧骨和略宽的脸型流露出坚定的意志和果敢的气质，这种美女是独一无二的，更是不可抗拒的。

人们总是迷恋他们参不透、看不清的人和事，所有的崇拜只是源自无法接近。杰奎琳的个性成就了她的魅力，令全世界都为之神迷折服。

“花瓶”式的女人可以吸引男人，但是吸引不了优秀的男人。相信没有哪个聪明的女性会甘心把自己定位于“色诱”的层次上。专注于自己独特的个性和内涵是女人一条最为广阔的出路。

每一个女人都有自己独特的个性，生来就和别人不一样，女人没有必要硬把自己纳入什么模式当中，而应根据自己的个性特点去寻找恰当的表现形式，来获得属于自己的生活，并塑造自己独特的魅力。

无须追求性感，你本来就很美

带有明显赫本风格的性感，不是火辣辣的魔鬼般的诱惑，而是像清泉一样透彻迷人。

现在，“性感”成了我们生活中一个常用的词汇，代表着一种不可抗拒的魅力和吸引力。性感可以形容女人，也可以形容男人，更有些时尚男女将一篇写得淋漓尽致的文章、一次身心愉悦的旅行也统统称为“性感”。

性感是一种立体的多层次的概念，这其中，感觉的意义大于外在的形式。

对于女人，性感可以有很多种，如浓的、淡的、邪气的、稚气的、成熟的、青春的、贵族化的、平民化的。不仅仅是丰满艳丽的女人才有性感的资本，**奥黛丽·赫本曾经说过："性感是一种内在的气质。它是通过暗示而不是通过暴露表现出来的。我承认我的身材不如索菲亚·罗兰和吉娜·洛罗布里吉达，但是除此之外还有很多可以表现性感的地方。"**

那么，身材不够惹火的赫本同样也可以表现得出她所预期的性感诱惑吗？曾经和奥黛丽·赫本在电影《俪人行》中合作过的男演员阿尔伯特·芬尼表示，说到吸引男人，赫本可以不费吹灰之力。很多人认为她的魅力在于她的双眸、她的幽默感和柔弱外表。无论如何，赫本都很懂得把握分寸。任何一个见过她的男人都会有这样感觉。他还说："与像赫本这样一个性感的女人拍戏让我一度分不清现实和剧本的界限，当你与她对视的时候，有心灵相通的感觉，那绝不是幻觉。和赫本拍戏时产生的默契是我感受最真实的一次。"

奥黛丽·赫本式的性感告诉我们，性感只是一种带有鲜明的性别特征的魅力，并非多么的神秘和刺激。任何一个女人，只要把自己独特的女性韵味展现出来，就是性感的。

赫本走红于第二次世界大战之后乐观主义盛行、经济蓬勃发展的时期，女性也正在这一时期纷纷步入职场，接受大学教育，开始经济独立，寻求自己的梦想。赫本正是应社会潮流和时代女性的需求而生。她以其欧洲人的优雅与美国人的活力，成熟世故与天真清纯复杂交织的特质，以其与生俱来的对时装的敏锐、识见与体悟，建立了现代美学的新标准。在20世纪乃至今天，赫本以激进的姿态和绝对的勇气改变了世人所公认的美女定义。

在女人们为自己而活，追求独立和自信的今天，赫本风尚卷土重来，比起紧身窄小、十分热辣的衣着，已经流行了好几年的简约风格看似朴素，一律深素的颜色，简洁精致的款型，却也是女性性感的表现。该窄的窄，该瘦的瘦，该圆的圆，该宽的宽，三围参数十分明显。其实，简约风格的服饰不过是将性感表现得含蓄点、聪明点罢了。

带有明显赫本风格的性感，不是火辣辣的魔鬼般的诱惑，而是像清泉一样透彻迷人。在电影《蒂梵尼的早餐》中，奥黛丽·赫本在片中饰演一位为达目的不择手段的女性，内心脆弱，为了生活玩弄感情于股掌之间。不过经过赫本的诠释，这个女子却也让人为她怜惜——一段坐在窗台边，自弹自唱主题曲《月亮河》的场景，不知感动了多少观众。赫本很清楚自己的优点在哪里，她的内在美会透过微笑发光，她在每部电影中容颜看起来永远是那么剔透，我们也可以感受到她温暖活泼的个性，她的美丽从心底散发出来。

女人不性感枉为女人，但是要知道，性感不是对自己东施效颦般的改造。比如说，奥黛丽·赫本不管如何努力，也无法拥有梦露式的三围，而梦露不管如何训练，也做不到赫本式的纯美，那么，不如做回自己，把人们的目光吸引到自己的优势上来。

这个世界上本来就没有十全十美的人，每一个人在外貌方面都有着独特的气质和优点，只要学会将优势凸显出来，就会成为亮点，自然有一份独特的吸引力。

著名的模特儿吕燕，按照我们中国人传统的审美观点来看，她并不算是美女：小眼睛、大颧骨、塌鼻梁、厚嘴唇、满脸雀斑。少女时代的吕燕对自己的容貌充满自卑，经常弯腰佝背走路，她身材又高，给人的感觉就是一个驼背的丑女孩。一次偶然的机会，中国顶尖时尚造型师李东田发现了吕燕独特的美，他说：“我第一眼看见她，就有震撼的感觉，她的面孔很少见，特别国际化，不同凡响，尤其她身上透出那种同龄女孩少有的自信和坚忍，让人一看就知道这是个supermodel（超级名模）的料。”

吕燕走到了巴黎、米兰、伦敦等国际大舞台上，整个人发生了脱胎换骨的改变，生命的光彩全部焕发出来。曾经的丑小鸭变成了让人惊艳的东方美女。

女性的性感修炼就是一个开发自我、释放本我的过程，每一位正在无拘无束地展示自己的女人，都是性感的女人。

内外兼修，年龄也挡不住你的美丽

永恒的美丽境界很高，入门的资格却没有什么限制，有一颗善良易感的心，你就抓住了美丽的实质。

生活中我们会发现，有一些年轻时代的美女从进入中年开始容貌大变，仿佛她们的美丽在一夜之间被妖魔攫取，剩下的只有衰老和丑陋。这虽然和年龄有关，但又不只是年龄的原因。在这些女人的心中常年存在着得不到满足的欲望、不顺心的怨恨，这些不美好的东西藏在心里，同时也刻在脸上，一张乖戾、冷淡的面孔怎么都让人亲近不起来。

女性30岁以前的容貌是上帝给的，30岁以后的容貌是自己给的，什么样的心造就什么样的脸。

奥黛丽·赫本在年轻的时候，是“落入凡间的天使”，随着年华的流逝，赫本由天使变成圣母。在她的晚年，赫本洗尽铅华，出任联合国基金会的亲善大使，游走各地为儿童募捐，通过不同的宣传活动唤起各界关注发展中国家的儿童状况。此时的赫本衣着随意，发式简单，却更显示出一种沁人心脾的美丽风度。

容貌和体态等外在条件，是女性魅力的硬件。而一个女人处世的方式则是她魅力的软件，同样起着决定性的作用。女性的魅力是一种柔和的吸引，若用一种近乎霸道的手段让人“崇拜”你，通常结果只会使人对你敬而远之。

有一个女人，家境非常富裕，不论其财富、地位、能力及漂亮的外表，都没有人能够比得上，但她始终郁郁寡欢，连个谈心的人也没有。于是她去请教悟静禅师，如何才能具有魅力，以赢得别人的喜欢。

悟静禅师告诉她：“你能随时随地和各种人合作，并具有和佛一样的慈悲胸怀，讲些禅话，听些禅音，做些禅事，用些禅心，那你就能成为有魅力的人。”

女人听后，问道：“禅话怎么讲呢？”

悟静禅师道：“禅话，就是说欢喜的话，说真实的话，说谦虚的话，说利人的话。”

女人又问道：“禅音怎么听呢？”

悟静禅师道：“禅音就是化一切声音为微妙的声音，把辱骂的声音转为慈悲的声音，把毁谤的声音转为帮助的声音，哭声闹声，粗声丑声，你都能不介意，那就是禅音了。”

女人再问道：“禅事怎么做呢？”

悟静禅师：“禅事就是布施的事，慈善的事，服务的事，合乎佛法的事。”

女人更进一步问道：“禅心有什么用呢？”

悟静禅师道：“禅心就是你我一如的心，圣凡一致的心，包容一切的心，普利一切的心。”

女人听后，一改从前的傲气，在人前不再夸耀自己的财富，不再自恃美丽，对人总谦恭有礼，对眷属尤能体恤关怀，不久就被夸为“最具魅力的女人”。

女性先有一颗美妙的心，然后才能修炼出美妙的容颜。

最高层次的美丽，是一个人性情气质的自然流露，是一个人内在文化素养与外在表象的完美结合。这种美丽并非不食人间烟火，它具有人性的所有温暖，同时也充分体现了人性的脆弱。因为这样的美不可多得，所以显得弥足珍贵。

在20世纪的中国，可以与赫本永不衰落的风采相媲美的是宋庆龄女士。作为孙中山先生的夫人，她漫长的一生几乎绵延了整个世纪。1893年出生、1981年逝世的她同这个世纪里中国和世界上的许多重大事件紧密相连。更可贵的是，她始终以自己高贵的人格、美丽的精神和优雅的气质征服所有人——无论是朋友还是敌人。如果你用心审视宋庆龄的每一组照片，你会惊叹于她的优雅无处不在。端庄、娴静、优雅、稳重，即便是俯身喂鸽子，空气中也弥漫着柔软、舒适和雅致的气息，令人沉醉而被深深吸引。

宋庆龄喜欢在家里招待客人，有时自己掌勺做上两个菜，既表示对客人的尊重，又显示自己的手艺。客人中有贵宾，也有私交；有高级人物，也有普通人；有中国人，也有外国人。这样的家庭式聚会使她同别人的交往——官方的或非官方的——变得温暖和活跃。

她家的常客是一些完全属于“民间”的人士，其中有保卫中国同盟和其他团体的老同事，还有外籍或外国血统的朋友，还有著名舞蹈家戴爱莲等。她在家里放映电影时总要身边的工作人员及相识的人把大一点的孩子带来一同观看，因为她喜欢和孩子们在一起。对小一点的孩子，她在复活节时请他们到家里来“找彩蛋”，在其他节日则请他们来玩别的游戏。

即使在全国人民都处于最左最革命的岁月中，宋庆龄会在最坚硬的空间里营造一份不可多得的柔软与优美。

女性的美丽是文化底蕴、素质修养的升华。在现实生活中，有相当数量的女人只注重穿着打扮，并不怎么注重自己的气质是否给人以美感。诚然，美丽的容貌、时髦的服饰、精心的打扮都能给人以美感，但是这种外表的美总是肤浅而短暂的，如同天上的流星，转瞬即逝。如果你是有心人，就会发现美好的气质给人的美感是不受年纪、服饰和打扮局限的。

永恒的美丽境界很高，入门的资格却没有什么限制，有一颗善良的易感的心，你就抓住了美丽的实质。如果你还是不知从何做起，那么，让我们一起来回顾一下奥黛丽·赫本在1993年留给这个世界的诗句：

想要有迷人的嘴唇，请说出温和的话语；

想要有动人的眼睛，请看到人和善的一面；

想要有苗条的身材，请把你的食物与饥饿的人分享；

想要有美丽的秀发，每天让孩子用手指梳开你的头发；

当你年纪增长，你会发现你有两只手：一只手用来帮助自己，一只手用来帮助别人。

看似遥不可及，其实令人亲近

做一个高贵的女人是我们的目标，但是高贵绝不等于清高傲慢。

我们从那些已经成为经典的电影中认识赫本，从那些美轮美奂的图片中认识赫本，从合作者、朋友、家人的讲述中认识赫本，从后人如痴如醉的崇拜中认识赫本，赫本在我们的想象中，如一朵绝色的玫瑰，可望而不可即。如果你能够深入地去了解赫本，就会发现她是天使，但不仅仅是天使，比起不食人间烟火的天使，赫本是柔美的、感性的，有时候她甚至像邻家女孩那样淳朴可爱。

据和赫本合作过的男演员们回忆，赫本待人是十分随和亲切的："所有与她共同工作的男人都像父亲或兄长般地与她相处，同时也爱慕她。她是我们一辈子的偶像。"大导演比利·怀尔德说："赫本懂得如何应付别人的殷勤，只要殷勤不变成骚扰。我们交谈时我一直盯着她，直到她说：'怎么了，你在看什么？'我说：'赫本，你简直太美了。我控制不住要看你。'她嫣然一笑，然后拉着我的手说：'走吧，去吃饭。'我说：'好的。'一切就是这样美好而自然。"

奥黛丽·赫本自己也常常会以一种轻松愉快的态度谈论往事。

"拍摄影片《谜中谜》是我和加利第一次接触。当时我们在巴黎，准备到一家久负盛名的饭店用餐。着装一丝不苟的加利那天穿了一身浅褐色的西装。与他见面让我激动万分，在我们开始交谈不久，我在慌乱中打翻了一瓶红酒，弄脏了他的漂亮衣服。加利当时十分沉着，而我巴不得从餐桌下钻出去，逃之夭夭，就当我们从未谋面。"

这就是赫本，自然，随性，从不装腔作势。

女人最出色的生活品位不是众星捧月般地出风头，而是以女性的亲切和机智调和现场气氛，创造一个轻松愉快的环境。这是一种看不见、摸不着，但是人人都能感受得到的自然魅力。

做一个高贵的女人是我们的目标，但是高贵绝不等于清高傲慢。传媒精英杨澜有一篇文章记录了对英国王室尤金·妮亚公主的印象，可以帮助我们在亲和与高贵之间找到平衡。

尤金·妮亚是安德鲁王子的女儿，正准备申请大学读书，她表示，自己的成绩不是很出色，要加倍努力才行，有关大学的资讯都是通过同学的渠道去打听，并不想占身份的便宜。与中国客人共进午餐时，妮亚公主主动帮客人分菜，帮父母续水，殷勤得如邻家女孩。

杨澜感慨：中国刚刚富裕起来的一代人对所谓“贵族”和“格调”的认识还多么肤浅。她说：“我见过不少拿腔拿调，只会用名牌包装自己的人，也见到被他们送到英国念书、希望沾点贵族气的孩子，骄傲无礼让人头痛。也许我们忘了最高贵的格调是自然真诚，无论是百姓还是皇家，无论在英国还是中国。”

有一些女性虚荣心太盛，总以为那种拒人于千里之外的高傲和冷漠才是“贵族范儿”，以至于与人相交时常常端着架子。其实真正成功的人士往往都是懂得谦虚待人的人。因为他们从自己的经历中，体会了世事的艰难，懂得为人处世的重要。而凡是那些说话“冲”、做事飞扬跋扈的人，往往都是不谙世事的人。

不要小看亲和力的作用，富于亲和力的姿态可以使接触的双方顺利沟通，不但有利于解决问题、推动工作、增进了解、发展友谊，而且令人心情愉快。有许多女性由于慌乱、羞怯或者过于骄傲等个人原因，在社交场合往往表现得有些生硬和冷漠，这是一定要改善的。

人是需要关怀和帮助的。帮助别人不一定是物质上的，举手之劳或关怀的话语就能让别人感动。比如在被冒犯时的宽容，在别人遇到困难时的鼓励，朋友感冒你体贴地递上药丸，路过饼店顺道给同事买下午茶，这些都是举手之劳，何乐而不为？你对别人好，别人对你好，这样你在社会上才不会陷于孤立无援的境地。如果能帮助伤害过你的人，不但能显示出你的博大胸怀，而且还有助于“化敌为友”，为自己营造更为宽松的人际环境。

第二章

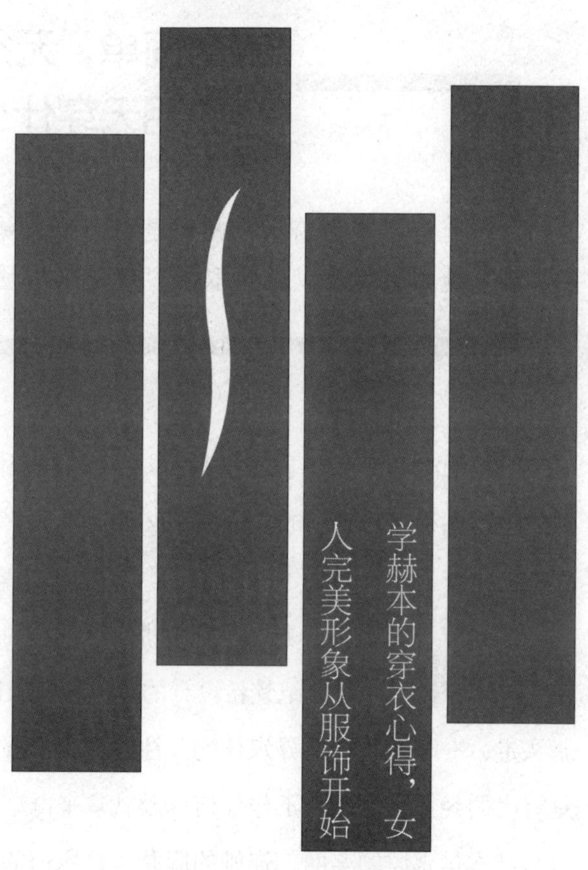

学赫本的穿衣心得，女人完美形象从服饰开始

赫本宁可不穿也不会烦琐，没有人穿单调的白色裤子和衬衣会比她更漂亮。不管她穿什么衣服，都非常优雅精致，即使不佩戴珠宝，也像一个皇后。

——影星伊娃·嘉宝

崇尚简单，无须操心明天穿什么

简洁不等于简陋，赫本是一个追求美、热爱生活的女性，她的服装不以数量取胜，而是以质量著称。

时装潮流每一年、每一季都在发生着新的变化，如果穿5年前的衣服，那么你很老土，如果穿10年前的衣服，那么你很可笑。但是这个法则，到奥黛丽·赫本那里就作废了。

2010年，奥黛丽·赫本生前的服装在伦敦拍卖。在影片《蒂梵尼的早餐》中，赫本穿过的一件由纪梵希设计的黑色晚礼服以19万美元的高价被一位神秘人士买走，一时引起全世界媒体的关注。这套衣服的经典之处就在于时至今日依然是时尚的经典，你可以不作任何修改就拿来再穿，而不会被人讥笑落伍了。

赫本是永恒的美丽，连她的服装也是永恒的经典，赫本的法宝就是对于简洁的追求。

对于奥黛丽·赫本的穿着风格，她的“灵魂伴侣”罗伯特·沃德斯说：“她的个人风格其实就是不愿意接受所谓的潮流，而是着眼于最根本和真实的东西。她排斥外界的影响，坚持选择最自然和舒适的服装。她的是非标准与自嘲和幽默感相得益彰，不把自己看得太重要，但也绝不轻视。”

赫本自己也多次发表对于简洁的见解。

“巴伦西亚曾说，典雅的秘诀就是简洁。我对此深信不疑，这就是我喜欢纪梵希的设计的原因。他的服装没有太多的修饰，而是一气呵成、毫无累赘。”

“当你把蝴蝶结取下，饰物拿开，就能清楚地看到衣服的轮廓和风格。”

“我没有时间采购具有‘赫本’风格的衣服，我只有两件晚礼服，两套便装，除此之外就没有衣服了。”

当然，简洁不等于简陋，相反，赫本是一个追求美、热爱生活的女性，她的服装不以数量取胜，而是以质量著称。奥黛丽·赫本赋予美丽一种全新的概念。她对衣服的质感一点也不马虎。如果她穿的是衬衫的话，那必定是一件质料一流的衬衫。但是她要的样式都很简单。

这就是赫本的穿着理念，重视简洁和质感，坚持少而精的原则。

如果在生活中你时常会为穿什么而发愁，那么，让我们按照赫本的穿着法则重新整理一下你的衣橱。

首先，假如你和大多数女人一样，对于漂亮衣服有着“重量不重质”“贪多嚼不烂”的倾向，就要先了解一下一件衣服的“投资回报率”。例如，一套300元的时髦裙子如果穿过一季就不再流行而不再穿的话，就算每周穿一次，一季共穿了12次，穿一次的成本是25元。而一件1000元的精致裙装可以穿3年，每年穿一季，每季穿12次的话，一共可以穿36次，其实每一次穿着的成本相差不了多少。

所以不管你目前的经济状况如何，选择高品质的服装都是划得来的。上乘的质地和精致的做工是经典风格的标志。外表简单、保守，但不呆板；款式现代，但不跟潮流；剪裁简洁，无过多装饰或花边。面料手感柔滑，质地考究、高贵；材质是天然纤维，如纯羊毛、羊绒、麻、丝等。经典风格的服装不会让你在人群里很出挑，但是经得起细细品味，无论出现在什么场合，都会让你显得非常得体。

当女人总是“觉得自己少了一件衣服”的时候，是因为平日选择服装眼光不够上乘，也是因为没有好好地打理自己的衣橱。

衣橱保持八分满是保护衣物的大原则！一个拥挤的衣橱，空气无法流通，纤维不能呼吸，会对服饰造成意想不到的伤害。尤有甚者，你可能会发现，明明送洗、整理好放进去的衣服，拿出来穿时它怎么又皱了！而二度整理会造成时间上的浪费。

其实，仔细想想，让不常穿、不能穿的衣服去破坏掉常常穿的心爱的衣服，不是得不偿失吗？因此就在此时此刻，请你做出决定什么是要的、什么是不要的，别再重复衣橱里塞满各种不穿的衣服的噩梦了。

“永远只活在现在”，不要活在下个月就会变瘦变胖的期盼里。若真的舍不得，或真的有“减斤加两”的计划，可以先将这些不合尺寸的衣服分类装箱，等达到目标后再拿出来穿也不迟。

接下来，可以将不符合现在工作、身份、地位、年龄的衣服一并清理出来，若某件衣服有特别的纪念价值，或者让你每次看到它或穿起它就感到温暖快乐，可以用其他更有创意的方式收藏起来，而不是全挂在衣橱里，和其他衣服相互挤压伤害。

总之，衣橱应该像活水一样，新鲜的水不断流进来，旧的水不断排出去。可以每次淘汰大概1/4的量，不要让不合时宜的衣服阻碍你的美丽。等到衣橱里全换成目前最需要而且最新鲜的衣裳，你的穿着心情也会永远新鲜跃动。

女人要学会在穿着风格上，在衣橱打理上做好减法，如此，就掌握了赫本风格的真谛。

晚装如何穿，才能凸显高贵大方

晚装是飞翔的翅膀，是绽放的花朵。优雅的女人，一定要有驾驭晚装的功力。

晚装对于女人，代表着舞会、酒宴、音乐会和种种美好的未来，对晚装缺乏认识会是一种深深的遗憾。

在欧美，每位16岁的女孩都会迎来她们一生中最感自豪的日子——在她们年满16岁的这一天，母亲会与女儿一起到店里挑选晚装，向笑容可掬的店员夸耀女儿的气质与人品，这是母女关系史上最融洽、最风和日丽的时刻。刚刚成年的女孩穿上黑色的丝质吊带晚礼服走出试衣间，母亲为她轻轻击掌，祝贺她从此进入自己的社交圈，确立自己独立的人际交往能力。拥有晚礼服，这是含蓄热烈的成年仪式。比起欧美的同龄女孩来，腼腆的中国女孩在交际能力上要晚熟得多。这不仅仅是环境的制约——比如，在1995年以前，你根本没有机会听高档次的音乐会，并参加由跨国商务集团举行的酒会。还有一个特别的缘由是不少日臻练达的女性之所以一到关键场合就显得暗淡、怯懦，是因为她们的着装不对。她们从未考虑过替自己添一套品质优异的晚装。

奥黛丽·赫本最平民化的着装风格是俏丽的七分裤和平跟鞋，但同时，赫本也将晚礼服穿得出神入化。纪梵希为赫本设计的最广为流传的服装就是《蒂梵尼的早餐》中的黑色长裙，那已成为那个年代流行的标志。事实上，这套用黑色丝绸制作的无袖的鸡尾酒裙堪称时尚界不朽的经典之一。出自纪梵希工作室原作的复制品在1992年巴黎的回顾展中再次亮相，对于它的描述是“带着利索线条的晚装，在腰部做了隔开处理，黑色的缎纹，无袖”。1961年，当这部影片公映后产生了巨大的轰动效应和深远的影响。成千上万名女性都穿起了奥黛丽·赫本的合身黑色晚礼服，戴着镜框超大的太阳镜。

纪梵希的晚装强调了赫本高贵性感的形象。赫本将他设计的服装视作美丽的花瓶，能够让田野上普通的花朵变得更加美丽，而纪梵希则把自己设计的服装看作普通的花瓶，在花朵的天然美丽的衬托下才显得引人注目。赫本钟爱纪梵希设计的晚装，将其视为重大的盛宴而准备的礼服，设计者和穿着者珠联璧合，共同创造了赫本的绝代风华。

在我们平淡的生活里，晚装是飞翔的翅膀，是绽放的花朵。优雅的女人，一定要有驾驭晚装的功力。

一般而言，一件晚装只能在一次大场面中出现。如果这个条件太苛刻，那么，至少不要在相邻的两次聚会中让时时相逢的圈内人看到你穿同一件礼服。如果经济条件不允许选择昂贵的正式礼服，那么，选择正装与礼服临界点上的服装，不失为聪明的办法。

以下这些可以穿到办公场合去的正装，届时只要匹配品质优异的鞋、包袋、帽子和大丝巾，就可以成为参加晚宴及音乐会的着装。

吊带丝质短裙

作为礼服，它表现了一个人的清新、纯净和活力。20岁左右的年轻女孩穿它最相宜，40岁左右对健身训练颇有心得的“阳光女士”尝试起来也许更富内涵和韵味。

款式要减至最简单。面料色彩方面，花卉图案带有亚热带的神韵与激情，黑色显得高贵和神秘，绿色可以显出气质中宁静、腼腆、专注的一面。

吊带短装＋丝质直身长裤

虽然，90%以上的礼服女装以裙装形式出现，但裤装的个性也因此确立起来。吊带短装可取低胸式、露背式，面料以黑色、金银色为宜，宽身长裤的颜色可以取短装同一色系，这样容易平衡。一定要穿上细高跟鞋，否则就像一套稍稍像样的便服了。

无袖开衩长裙

腿形及胸围不甚理想的人可以选穿这类长裙，注意要选用高领、肩部挖凹的无袖款式，否则显得太家常化。还有就是面料要尽量选择高档流行面料，以增添绚丽的外观。

此外要注意，以上“简便晚礼服”一旦穿至八成新，就不能再当晚礼服亮相。吊带裙及礼服短上装的吊带，越细越有晚装味，如果宽度超过7毫米，就显得不伦不类了。

在晚装的配饰上，珠宝、鲜花，各种昂贵的质料做成的蝴蝶结饰，在晚装中是十分得体的装饰，在这里我们依然要记住赫本的“少即是多”的原则，有分量的配饰一件足矣。

你的衣橱里，该必备哪些单品

经典单品应该符合实用的、百搭的条件，然后，你可以在颜色、款式的选择上建立自己的风格。

不同身份、不同个性的女人，衣橱里必然也有着不同的内容。千人一面的世界不可爱，千篇一律的衣橱也并不可取，但是有几种经典单品却应该是女人衣橱的必需品。

经典单品应该符合实用的、百搭的条件，然后，你可以在颜色、款式的选择上建立自己的风格。奥黛丽·赫本的时尚观点在其电影作品中得到极大体现，她最令人难忘的电影造型往往贴有“赫本风格”的时尚标签。《罗马假日》中的棉质衬衫，《莎宾娜》中的曳地无袖纯白刺绣长裙，《蒂梵尼的早餐》中的黑色鸡尾酒裙，《谜中谜》中经典的圆框太阳镜，《窈窕淑女》中精致的宽檐帽，都是时尚历史上的经典元素，并至今深刻影响人们的审美理念。

对于现代女性，为自己的衣橱装备这些百搭单品的时候，可以参照赫本风格和当下风尚，选择自己钟爱的物品。

西装外套

精细剪裁的传统外套能完美展现出女性魅力，不管是哪种身材的女性都适合，能与西装外套搭配的有牛仔裤、长裤、裙子，确保你找到的其他单品一定要非常合身，而且重点突出腰部的纤细，这样搭配起来更有层次感。

印花围巾

即使穿着简单T恤和牛仔裤，你也需要拥有一条印花围巾作为整体搭配的亮点。

小黑裙

自从奥黛丽·赫本在《蒂梵尼的早餐》中以一袭黑裙出场，小黑裙立刻被时尚界贴上典雅精致的标签。而“每个女孩衣柜里都应该有一件小黑裙”的名言更是让合体剪裁的黑裙成为时尚界永恒不变的潮流。

针织开衫

针织开衫可以说是一年四季可穿时间最长的衣服，很实用、好搭配，比较保守的选择不会出错，可以在里面搭些色彩出挑的打底衫。

瘦腿仔裤

如果要选最好搭衣服的裤型，瘦腿仔裤一定是排名在前的人气单品。仔裤的经典地位就不用赘述了，搭配出青春和朝气是瘦腿仔裤的最大贡献。

白衬衫

白色衬衫是赫本的最爱，她曾说，在休息的时候最爱穿那种棉质贴身的衬衣，这样会感觉很舒服，所以她一次会买十几件。

白衬衫是衣橱必备投资的单品之一，简单经典的款式永远都不会过时，随意搭配，永远实用。

高品质的大衣

一件考究的大衣是衣橱里必备的基本单品。挑选大衣的时候注意选择长款以及羊毛一类高档的面料。这是最引人注目的服装。若想使自己的外表达到最佳状态，就要选择高级正品，颜色也要能配得上衣橱里的其他衣服。

七分裤

赫本最著名的一身打扮是黑色套头紧身上衣搭配修身七分裤，平底芭蕾舞鞋，直到现在这些仍然是时尚流行不可缺少的元素。七分裤也可以和马甲搭配，轻松拥有时尚又有型的混搭装。

拥有这些可爱又实用的单品，就可以尽情享受搭配的乐趣了。其实普通的女人也可以像那些名女人一样穿着优雅，令人眼前一亮。当然，首先需要的是欲望。你必须有一种获得鉴赏力的愿望。你应仔细浏览时装及化妆方面的杂志、书报，并加以消化和吸收。这是逐步理解和入门的阶段，然后你便开始试验，坚持下去直至观察力有所提高。即使不可能拥有漂亮的服装，也应对其进行仔细研究，主要是领略设计师的技艺。这样做的确大有益处。

每当见到那些看起来很棒的人，你会赞叹："她知道该买什么样的毛衣、腰带、围巾，使它们的颜色搭配起来好看。"其实她很可能只是在衣橱里原有单品的基础上增加了一件新衣甚至一种新的配饰。如果你有了足够的单品供选择的话，便能比较容易地把它们搭配起来，把自己打扮得漂漂亮亮的。

你需要了解的适用于各类女人的穿衣法则

不管你的教育背景和职业是什么，保持淑女形象永远不会出错，淑女路线的装扮适合任何一位自信和自爱的女性。

奥黛丽·赫本的着装风格整体来讲是保守的、内敛的，并且终其一生，她都在尽可能地坚持这种风格。

赫本是世界影坛上难得一见的瑰宝，她的容貌清秀，不俗艳，而且耐看。她的身材苗条修长，她的气质永远那么高雅纯洁。在观众心目中，她从不在摄影机前搔首弄姿，更不用裸露镜头和挑逗性的动作来取悦观众，色情电影更与她无缘。1976年在拍《俪人行》时，其中有一场海滨的戏，赫本和男主角必须身着游泳衣。优雅、美丽、敏感又十分苛刻的赫本想到自己首次要将身材暴露在千千万万影迷面前，不禁紧张到极点。导演安慰她，给她打气说她的身材是大多数妇女所羡慕的，而她还是忐忑不安。戏尽管是拍了，但她演的动作有些僵硬，明显是装出来的愉快。她对自己风格的坚守，在西方影艺界，尤其是在好莱坞女明星中，是非常难能可贵的。

自重是一个女孩可以拥有的宝贵财富之一，却也是我们现今最缺乏的品质之一。在今天，不管是女明星还是普通的女子，在穿着上常常以“中空”和“透”“露”争妍斗艳，“走光”现象层出不穷。那么，那种相对保守的淑女装扮，还有它存在的市场吗？

答案是肯定的。保持女性自尊和神秘感的第一步就是不要把所有东西都暴露出来，获得别人尊重的捷径之一就是通过自己的外在形象。在我们开口之前，着装通常已经代替自己说出了第一句话，大声地告诉别人我们有没有首先尊重自己。

而事实上，人们心理的天平仍然是偏爱淑女型女性的，尽管他们对酷女和辣女充满了好奇心，但贴身接触还是有所忌讳与防范的。在两性关系中，淑女也保持着一种与男性合理的距离，她既不依赖男人，不会靠“嗲”和“电”男人达到某种目的，也不会排斥男人，不会像时下流行的女权主义者那样刻意去发动性别战争。在男人眼中，她是可爱可亲的，是不可侵犯的，是需要保护的——奥黛丽·赫本留给世人的正是这样一种印象。

下面的穿着法则适合任何一位自信和自爱的女性。

衣裙款式的选择

颜色审美的培养尤其重要，蓝白间色或蓝白花朵天生就是女性清纯美的代言者。此外，与秋天的田野色彩密切相关的颜色，如麦秸白、玉米黄、枯藤色、薄暮色等，都是接近大自然沉思状态的色彩，它们身上已洗尽浮躁之色，焕发出几经磨砺与风霜之后的清淡之美，这种美正是优雅的基础。

从款式上说，修长简洁的线条比“短小打扮”更能体现出典雅之美。短皮裙、短夹克是一种青春反叛性格的折射，也是愤世嫉俗的表现。而优雅是远离激愤之态的状态，优雅的宽容度最大，它可以对格格不入的衣着文化表示理解，但绝不随波逐流。缀有盘花扣的长马甲、长衬衣和略紧身的织麻马甲，及踝的印花土布裙，毛麻混织的烟土色裙等都是优雅的服装。

配饰的选择

配饰的重要性不亚于服装，尤其是女士随身携带的包袋，乃是女士们的魅力发射源。伊丽莎白女王为何身不离包？是因为那玲珑拎包是其整体气度的支撑点，少了一个包，优雅美就有了缺憾。

一般来说，拎包比挎包优雅，大包比小袋更具雍容风度，如果是年轻女士，不妨买个双肩背的真皮小背囊，背囊不仅使女士们行走时自觉地挺胸收腹，而且能成为休闲装散淡之美的聚焦点。

高雅得体的穿着意味着它要具有永恒的美丽和符合优雅的传统标准。如果只为惹人注意而穿，行动之中老是担心肩膀上的衣袖会滑下来，或者老是想着领开得过低会不适当地显露乳峰，或者穿着一条老是绊脚的长裙，或者担心太紧的衣裳会因剧烈的活动而开线，那么你的行为举止又怎么能潇洒大方呢？高雅的衣裳并不是哗众取宠式的服装，而是能透出魅力主体含而不露的服装，它更多地体现为人与衣裳的协调和谐，而不是喧宾夺主。

自我表现力与风格是以衣裳为武器，向世界显示你与众不同的地方。而魅力，正是要向别人显示自己与众不同的美。与这种含蓄内敛的着装风格相匹配的是诚恳及愉快的态度，对敌对者表示欣赏。温煦而热诚的态度不仅会令人折服，而且能显示出你有足够的力量可以控制一切。

穿戴整洁，展现你的光彩

赫本追求完美，精益求精，即使是把白衬衫塞进裤子里这样一种简单的穿着，她也有自己的要求。

现代社会，服饰是一个人层次与地位最直观的体现。每天早晨出门，即使一个对你的底细毫无了解的路人，也能从服饰中把你的职业、个性、目前的生活状态和未来的发展潜力看个八九不离十。一位女性如果一面想受人倾慕，一面又衣着随意、邋遢，则无疑是犯了南辕北辙的错误。

整洁的装束和花多少钱没有关系，这只关系到如何表现。如果我们聪明、得体又典雅，服装基本上都会反映出这些特质。相反，所有粗鲁、龌龊、卑劣的特征也能通过服饰表现出来。

在奥黛丽·赫本留下的影像和照片中，她的衣着总是那么简洁而得体，但是请注意，赫本式的简约风格并非是对于服装的漫不经心，相反，她的简约是经过了千挑万选后的回归。

奥黛丽·赫本不热爱浓妆，认为素颜的自己最美丽，但是她粗眉毛、红嘴唇的简单妆容却成为一个时代的美的印记。看起来她随便穿什么都美得不得了，但是其实她即便是出门旅行，也会叮嘱旅店帮她把衣服烫整齐。她太尊重美了，爱美、保持美，本身就是明星的职业要求。即使是把白衬衫塞进裤子里这样一种简单的穿着，赫本也有自己的要求。

衬衫最好有硬挺的经典的男式领子，不要加口袋破坏线条。熨衬衫虽然很烦，但是不得不熨，想想熨过之后看起来多么清爽！如果你把衬衫塞进去的话，记得检查一下是不是整齐，不要这里鼓出一块，那里掉出来一个角。所以最好选择比较贴身的衬衫和一条挺括的裤子。

对于衣着，赫本追求完美，精益求精，这就是她熠熠生辉的形象背后的秘密。

在20世纪中叶，女人们解放了，但还没有解放到“豪放”的地步，这个时期的女人最具备古典与现代混合式的美丽，达到一种很高的境界。

曾经代表了中国女性优雅文明形象的宋美龄女士，出现在公众场合时从来都是风采出众、气质不凡。

从美国学成归来后，宋美龄便成了上海上流社会社交界的活跃分子。有资料这样描述她：“她长得标致，举止典雅大方，又有钱盛装打扮。因此，她便成了一位众星捧月似的人物。”

在宋美龄成为当时的第一夫人后，她不再是一般的社会公众人物，她一举手、一投足都会引起社会关注。正是因为其特殊的身份，宋美龄的穿着代表着国格、国风。她不但深深地懂得这一点，而且努力做得更好。为慰劳苏联支援中国抗战的空军志愿大队，宋美龄特地梳了一个燕窝带凤凰闪翅的美丽发型，还配了两簇鲜艳大方的金花压发。浅领、长摆、高衩紧身旗袍，袖长不到两寸，胸前还有精工绣制的出水芙蓉。耳朵上饰以镶有碧色珍珠的夹压式耳环。

为陪同蒋介石参加外交活动，宋美龄则是一身英国女王式的白色长礼服。长裙委地，紧袖及腕，并戴有白丝手套。

当宋美龄出使美国，向美国参众两院发表演讲时，她穿着黑色金丝绒旗袍，胸前佩着镶有宝石的中国空军徽章大扣花。

通过当年的资料我们可以知道，宋美龄的形象，可以很平易，也可以很贵气，全看当时的场合而定。在慰问儿童救济院时，宋美龄穿过布鞋。在庐山出游时，宋美龄穿过西式短裤，但是更多的时候，她都在维护着自己雍容大方的形象，出得了台，压得住场。如此，各界人士才可能对这位年轻的第一夫人心悦诚服。

奥黛丽·赫本的美丽，宋美龄女士的高贵，对于后世的女人们而言似乎是一个可望而不可即的高度。头上没有家族、职位光环的笼罩，你就代表你自己，在每一天、每一个场合，都在对外界建立自己的印象。

即使还没有条件为自己添置华服云裳，也可以从整理现有的衣饰开始，向整洁典雅的形象靠拢。

在清理衣橱的时候，应该让决定留下来的每件服饰都是当下拿出立即可穿的，而不是事后还需要烫、需要缝补，甚至是需要修改。想想生活如此匆忙，在最后一刻终于决定今天要穿的一套衣服，却发现它竟然有一块很明显的污渍或者拉链坏了，岂不是白费心机，令人懊恼不已吗？现在赶快将所有留下来的服饰仔细“诊断”一番，将该缝的、该补的、该改的、该洗的、该烫的，都做“修复计划”，如果当下有时间处理，就赶快把所有需要修复的服饰都拿出来一次搞定。如果当下实在没空，建议你记在笔记本里，安排时间进行衣物的修复工程。虽然要费一番工夫，却能为往后的生活带来无穷便利，绝对值得。

除了衣物之外，配饰也要记得整理。帽子、皮包、腰带、手套、袜子、鞋子、丝巾、首饰，也以同样的过程加以过滤。所不同的是配饰难以修复如新，对于常需要佩戴却已显岁月痕迹的，请马上写在购物卡上添购补替。

想象一下，当你穿着整洁如新的衣裙，配饰也无懈可击的时候，是不是在心里要平添一种自信？

奥黛丽·赫本远去了，但是她和她那个年代的流风余韵不应该消逝，在如今有些焦躁和粗陋的时代，做一个整洁细致的女人会使你拥有一种耐人寻味的风格。

居家时的穿戴，展现另一面的赫本

家居服重点在“家”，服装的款式、面料、颜色都应与家息息相关，相辅相成，点点滴滴渗透出家的温馨与情趣。

据说女人都有两个版本，一个是精装本，是给外人看的；一个是平装本，是给家人看的。的确如此，随着时代的发展，女性社会地位的提高，不管哪个年纪的女人，都可以打扮得花枝招展的，那种传统意义上蓬头垢面的懒婆娘其实并不多见。但是可能在外面绷得太紧了，有些女人一回到家里马上彻底变身，脱去套装，踢掉高跟鞋，怎么舒服怎么穿。刚刚还是花枝招展的办公室美女，一转眼就松松垮垮，一身的灰败相。

女人穿给上司同事看，穿给客户朋友们看，穿给大街上浑不相干的人看，却独独忽略了家人，把最不美丽的一面留给了最亲近的人，这是不是有点儿不公平？

当然，家庭是我们每个人遮蔽风雨的宁静港湾，家居生活以轻松舒适为宜，家里还不放松，岂不把人累垮了？但是轻松和美感并不是完全相克的，稍稍花点儿心思就可以调节得很相宜。

奥黛丽·赫本是明星，是亿万人的偶像，同时，她也是一个普通女人，是妻子，是母亲。赫本的家是她美丽的延伸和停驻之地。

1954年，奥黛丽·赫本在拍摄电影《龙凤配》期间，摄影师马克·肖为赫本拍摄了一组生活花絮照片。其中的部分照片一直没有公开，直到近年马克·肖的第一任妻子无意中在一个纸盒里发现了这些相片，这组珍贵的老照片才能得以陆续重见天日。从生活照里更能看出一个女人灵魂里的真实气质，赫本就是这般的优雅精致！

在罗马，大部分家庭的室内设计都十分老套守旧。室内大量采用厚重的窗帘、金制的饰物，还有阴暗的色彩。但是赫本的家令人耳目一新，她使用明亮而轻快的黄色与白色。她的窗帘面料柔软，直垂地面。

赫本的儿子肖恩也回忆道：

“我记得那些漂亮的晚礼服，从纪梵希到瓦伦蒂诺，冬天的大翻领厚呢短大衣，20世纪70年代流行的方头皮靴，夏天的纯棉长裤和休闲T恤，不过最让我感到亲切的还是芭蕾舞拖鞋和一袭长裙，早晨在家中母亲经常是这样一副打扮。”

赫本的朋友们则说："赫本从来不会忽视质量和品位。就算她在种花、做饭或从事其他家务时，对服装也绝不姑息。"

家，是所有女性的港湾。经过一天紧张辛苦的工作，回到家里，你不必再保持一个端正严肃的形象，换上一套洁净、松软、舒适的家居服装，那将是多么惬意啊！

家居服，顾名思义就是在家里穿的服装，每个人都可以自由地选择自己喜欢的颜色和款式表达轻松安逸的心情。夏天我们推荐印花的宽松T恤配弹力超强的纯棉七分裤，既养眼，又轻松随便。冬天则穿一件颜色轻柔的羊毛衫配以长裤或裙子，端庄又不失女性的柔媚，居家待客，都非常适宜。一种印有乡村式花纹的本白色罩衫，可以作为女性从事园艺、家居清扫以及陶艺等休闲活动的首选衣衫。这种带有"乡村工装"色彩的衣服胸襟上有横亘的抽褶结构，肩部及袖子的收口处也以抽褶收口，袖子大如灯笼，为稚气的结构。它某些"停留在故乡，停留在童年"的特征，迎合了都市女性对名利生活的厌倦心态。

一个家少不了油盐酱醋、做饭洗衣的琐事，也少不了做家务时穿的家务装。围裙可以遮住前胸至腰部以下的服装，保持衣物的整洁。为了显得有生气，看起来不单调，可以在上面绣花或贴花，或在周围打褶镶些花边增加情趣。背心裙式的围裙穿着舒适合体，工作起来更为得心应手，用不同花色的小块布料镶素色花边后贴在围裙上，烧饭时可将随手用的小炊具装在口袋里，使用起来十分方便。将印花方格布料巧妙地搭配在一起的围裙，穿上仿佛一位美国开拓时代勤于劳作的母亲。这种以不同的印花格纹镶嵌的围裙装强调出母性的慈爱，很有女性温柔的韵味。如，穿上一条漂亮的红格子罩袍式围裙，在上面缝一两件可爱的蕾丝边红裙子，再包条头巾，就会使整个形象更为出色。如此装束在平凡中不经意带出一点狡黠的心机，穿上这样漂亮的围裙在厨房忙碌，就是一个蕙质兰心的好女子。颜色的搭配有时会有画龙点睛的妙用，比如粉红色格纹布料制作无胸襟的短围裙，配以灰底粉花的针织上衣和大阔裙，春天清爽的感觉会油然而生。

家居服的装饰和色彩也应注意与室内装修的品位协调。一般来说，款式应该简单，颜色趋于温馨。浅淡的粉红色、蓝色、绿色、紫色、乳酪色等，安逸有趣的小格、小点、小花、小动物，都能起到放松神经的作用。

家居服和休闲服装的区别并不明显，二者都是表现一种悠闲的心境。但是家居服重点在“家”，所以服装的款式、面料、颜色都应与家息息相关，相辅相成，点点滴滴渗透出家的温馨与情趣。

如果说女人在外面的美注重的是高雅和精致，家居的女人最适宜的是清新整洁。头发不必保持完美的造型，但最好散发着洗发水的清香；衣饰不必高贵，但要做到赏心悦目。可以不化妆，但洗脸护肤的工序不能马虎。别人看你，是远处的大印象，家人看你，是近距离的亲密接触。

小小配饰，点缀出你气质

配饰用线条、色彩、造型来说话，无时无刻不在替主人公传递着她需要表达的信息。

美丽的服装加上合宜的配饰，打造了完美女人。配饰、女人与衣裳，就是叶与花、花与萼的关系，相互映衬，相得益彰。

配饰的主打是珠宝首饰，其次是帽子、手袋、手套、腰带等，共同塑造了一个有机整体形象。

奥黛丽·赫本在电影《窈窕淑女》中有一款经典造型，当卖花女摇身变为女王晚宴上的绝色淑女后，一袭纯白晚礼服使她成为众人注目的焦点。这也是赫本最昂贵的服装，据说衣服上镶嵌了数百颗天然钻石。连赫本自己都说："不是我有多高贵，是那身衣服衬托出了我！"

配饰成就了女人的高贵，同时，它们还承担着扬长避短的作用，为女人的美丽加分。

《罗马假日》中的一款经典宫廷晚礼服是好莱坞服装大师伊迪丝·海德的作品。在接到为《罗马假日》设计服装的任务后，伊迪丝·海德还不知道是谁来出演女主角，于是根据剧情设计了这套宫廷晚礼服。在见到赫本本人后，伊迪丝除了对她消瘦的身材心存不满，其他并没有留下什么印象，于是草草地对服装的腰身进行了修改后便不再过问。但奥黛丽·赫本对于服装有着独特的见解，她之后找到伊迪丝对服装提出了一些意见，包括希望为这套宫廷晚礼服配一副长袖丝质手套。伊迪丝起初很不以为然，但是很快她就发现这个不知名的小演员对于服装有着一种先天的敏锐感觉，而且对自己适合什么不适合什么有着清楚的认识。于是伊迪丝接受赫本的建议，为这套服装配了一副同质地的长袖手套，结果赫本穿出来的效果令导演都惊呼：天啊，她就是一个公主！其实赫本提出配一副长袖手套，是因为她觉得穿上这种下摆宽大又烦琐的裙子，会显得她的手臂更加细小。而这种过肘长手套也成为赫本的经典造型之一。

配饰用线条、色彩、造型来说话，无时无刻不在替主人公传递着她需要表达的信息。

美国第一夫人米歇尔超爱中国台湾的精品，她出席多项重要场合时，佩戴的都是中国台湾平价珠宝商大东山的珠链。作风平实的米歇尔在奥巴马就职典礼上穿的是中国台湾设计师吴季刚设计的白色单肩礼服。陪同奥巴马参加G20领袖高峰会期间，佩戴的MASAMI珠链是中国台湾大东山的产品，而且还搭配过多款服装出现在不同场合。

米歇尔挑选的MASAMI珠链款式有3种，分别是直径12毫米、14毫米的大尺寸单串珠链，与较小颗的10毫米珠两串，来搭配丰腴的身型。不过，米歇尔选择的项链不是珍珠，而是由砗磲贝打磨而成，但戴在米歇尔身上，贵气天成，与第一夫人该有的优雅从容相得益彰。

米歇尔以平价首饰配合她的平民化风格，为她赢得不少人气。

女人用配饰，讲究人与物的配合，配饰有强化个人风格的作用。更进一步，就是配饰与服装的配合了。

一般来说，首饰可分为休闲类和晚妆类。休闲类的首饰可以用木质的、骨质的、塑料的、贝壳的、陶瓷的以及一切能起装饰作用的东西。但是晚妆类首饰要用闪亮的、金属的、钻石的等富有光泽感的东西，这样可以把你衬托得更漂亮。

从总体上讲，身着式样简单、质感佳的服装才适合戴首饰。如果所选配的首饰与服装在色调上款式上能相互配合，则会更加突出你的优势。

身着深色衣服，最好的搭配饰物是玉饰，因为这样的搭配最能表现出玉石莹润的光泽。

黑色服装，则应配以亮丽的首饰，否则过分素淡，无光彩可言。与黑色衣物搭配的最佳配件是闪亮的宝石与银器，亮丽中自有一股冷艳的味道。此种搭配非常适合清雅高贵、不着俗艳的女性。

若是着银色的晚装，那么最好不要戴钻石镶在黄金上的饰物。相反，若是钻石镶在白银上，则不宜着金色晚装。

穿旗袍就不需要戴项链，因为旗袍领的线条太多，再戴上项链会显得繁杂，倒不如在前胸领交接处别上一枚精致的别针。

最适合与白纱搭配的首饰是珍珠及钻石。红宝石或其他颜色的首饰反而会破坏白纱纯洁高贵的形象，但珍珠最好以碎钻衬托，以免被头上的亮片抢去光彩。

秋冬季节多着厚重的衣服，这个时节可选择大型而繁杂的首饰，粗大的珠子与闪亮的宝石组成的厚重的项链；各种形状的金属、非金属片组成的面积较大的项链；还有一长串做工精细的耳环，都是可选的秋冬季饰物。

足下之履，也是女人压轴的美丽

衣服是穿给外人看的，内衣是穿给伴侣看的，唯独鞋子，时尚与实用、尊贵与舒适，可以达到一种完美的统一。

人们对鞋有不少说法。有人认为，鞋是身份的象征，尤其是在欧美国家，一些出身高贵或家庭教养良好的人，从很小的时候起就会被告知鞋是人们对个人的成就、可信度、社会背景、教养等方面的一个检验标准。因此，在上流人群中，人们常常会先看鞋再看脸，可见鞋的质量还与穿鞋者的身份品位成正比。

人们常说“看一个男人的品位，要看他的袜子，看一个女人要看她的鞋子”，这话有道理。衣服是穿给外人看的，内衣是穿给伴侣看的，唯独鞋子，时尚与实用、尊贵与舒适，可以达到一种完美的统一。有许多女人，在不知不觉间就成了痴迷于鞋子的“恋物者”。

“上帝给了她世上所有的东西：美貌和荣华富贵，痛苦和坏名声。”这是人们对菲律宾前第一夫人伊梅尔达·马科斯的评价。伊梅尔达素以奢侈和浮华生活闻名于世，尤其对鞋子和珠宝兴趣浓厚。马科斯政权被推翻后，人们在总统府发现了这位前第一夫人留下的1220双鞋子。据统计，伊梅尔达拥有的鞋子达4000多双。

在菲律宾人眼中，伊梅尔达·马科斯一半是妖魔，一半是天使。

不管人们持何种政见，对马科斯家族有什么看法，但不能否认，伊梅尔达是个有魅力的女人，是个独一无二的女人，是个让人无法忘怀的女人。

女性的吸引在于她认识到自己的魅力并且无时无刻不在强化这种魅力，那一双双精美的鞋子就是平淡与魅惑的分界。

对于奥黛丽·赫本来说，与衣服相比，鞋子材质的品质更重要。她曾经说过，鞋子最好能够比脚大半号，再加上舒适的材质，才能算是一双好鞋，因为长时间穿着过小的鞋子会对脚造成伤害。菲拉格慕是当时最著名的鞋子设计师，也是奥黛丽·赫本的好朋友。

菲拉格慕出生于意大利南部小镇的贫穷家庭中，从11岁就开始担任鞋匠学徒。随着好莱坞电影工业的蓬勃发展，他开始为电影剧中的角色设计鞋款。优质手工和典雅设计使他的鞋子受到许多大明星的青睐，也为他博得“巨星御用鞋匠”的美名。

在工业化年代，菲拉格慕仍然坚持每双打上他名号的鞋子一定由手工经过200多道手续缝制。同时他会替每位客人量出脚掌尺寸，并将脚型制成鞋模，方便日后回头客定制新鞋。菲拉格慕特意为赫本设计了一款平底鞋，结合了芭蕾舞鞋的圆形楦头和赫本偏好裤装的打扮，一双造型甜美轻巧的鞋款便以奥黛丽·赫本的名字诞生了。

自从奥黛丽·赫本穿过平底芭蕾鞋之后，可爱甜美风的平底鞋就一直保持着它在时尚圈中“公主级”的地位。不管是在细跟高跟鞋让玛丽莲·梦露的性感恣意横流的年代，还是在SM风格的靴子让麦当娜的狂野张扬到极致的时代，平底鞋都未退出过流行风潮。原因只有一个：那就是不管是谁，穿上平底芭蕾鞋后，都能平添几分淑女名媛气质。这样的鞋子自然会得到各界女性的捧场。

鞋的选购和使用很重要，既要耐穿、符合个性，还要注意可配搭性。一位有魅力的职业女性，至少得有30双以上能够穿得出去的鞋子。其中12～16双适合搭配3种自己常用色彩的正式套装的鞋，3～5双晚会鞋，3～5双休闲便鞋，2～3双运动鞋，还应根据喜爱的运动项目选择适宜的专业运动鞋。如果喜欢旅游、徒步旅行，还得特别准备心爱的旅游鞋或登山鞋。运动休闲是放松和快乐的，穿上心爱的鞋，心中会充满更多的快乐和喜悦感。

买鞋时要根据经济能力选择鞋的价位。但要注意，用于正装的鞋至少得有1～2款尽可能是知名品牌或品质非常好的。价格高昂的皮鞋不仅贵在牌子上，而且胜在精良技术和可靠质量上。高品质的鞋通常是手工制作的，制作者缝合时小心翼翼并且力求每道工序都尽善尽美，这会延长鞋的使用寿命。意大利的纯手工定制鞋要经过多达300多道繁复工序的精工细作，充分考量了人体工程学与力学原理，价格高昂是有道理的。

不管你是否消费得起那些名贵品牌，都应该对它们有所了解和学习，正如你不可能拥有所有的名车、古董、珠宝，但可以鉴赏和熟悉它们，这是一种修养和品位。每一个名牌都传承了特定的文化，凝聚了经典元素，可以陶冶你的情操，提升品位。

有句广告词是这样说的：“拥有一双好鞋，它可以带你到任何一个想去的地方！”这是多么能打动女人心的一句话。穿上一双高品质的鞋子，你会拥有寻找与之相匹配的高品质生活的自信与动力。女人与鞋子的关系是一种永远追逐与依赖的关系。从现在开始，给自己买一双好鞋，穿着它，去你想去的地方。

第三章

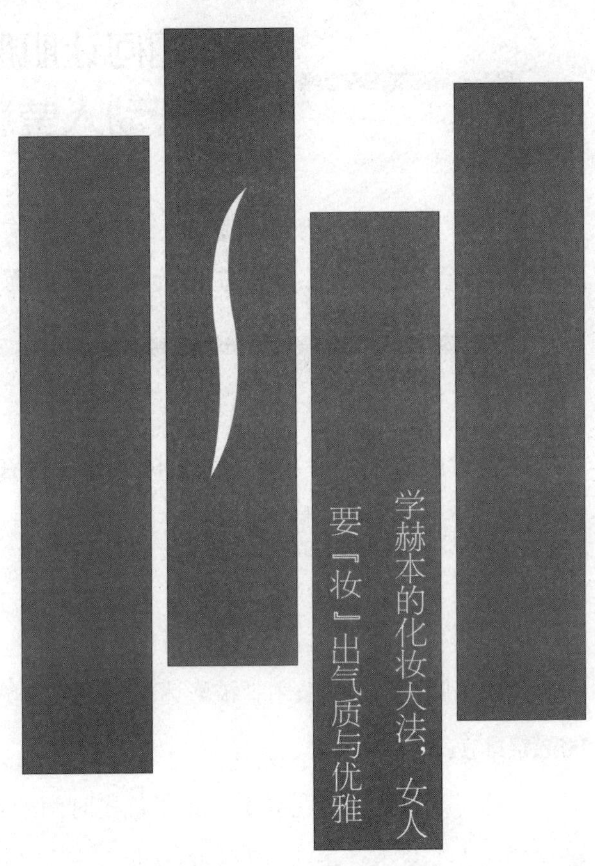

学赫本的化妆大法，女人要『妆』出气质与优雅

她是我们所见过的最完美的人，魅力四射、亲切可人。她宛如一个梦，一个令你从微笑中醒来的梦。

——男演员里查德·德莱弗斯

赫本如何让肌肤如雪般动人莹润

护肤是女人的第一要事，因为衣服可以随潮流的变化而更换，但人的脸却不能因为保养不好而放弃。

翻看时尚杂志，会发现女人们的装扮一直在变化着。金、棕、黑、蓝的眼影，橙、红、青、粉的唇色，让人目不暇接。但干净明朗、白皙均匀的肤色却是永远的流行。

2004年，著名时尚杂志《世界时装之苑》（*Elle*）评出了历史上最美丽的女人。《罗马假日》中的公主，被影迷奉为经典的奥黛丽·赫本艳压群芳，获得76%的选票排在第一。

据称，《世界时装之苑》邀请了许多时尚杂志的编辑、化妆师、摄影师以及模特经纪人等从事“美丽行业”的专业人士，从历史长河里数不胜数的美女中挑选出了100名，并最终评出了10名宛如天人的最美丽女人。

负责此次排名的《世界时装之苑》杂志美容版专业指导罗斯·格林表示：“这些女性之所以入选，是由她们身上的自然美、健康生活、由内而外的高雅气质、无与伦比的光洁皮肤以及她们闪光的人格等一系列因素综合而来的。”

罗斯·格林在谈到为何要把赫本排在第一时表示：“奥黛丽·赫本是自然美的化身，她身上有与众不同的魅力和内在的美丽。当她笑起来的时候，就像阳光

一般灿烂。在所有她的影片中，她的皮肤看上去新鲜得像水果一样，她的性格也是那样的光彩照人，我是说她能让每一个人都感受到温暖。"

奥黛丽·赫本最像公主的地方是她拥有童话里公主才有的皮肤，干净、透明、闪耀着珍珠一般的光辉。

美丽是女性的一张通行证，不少女性舍得买很多漂亮衣服，却不舍得花钱、花精力养护好自己的皮肤，这是严重的本末倒置的观念。因为衣服可以随潮流的变化而更换，人的脸却不能因为保养不好而放弃。要知道，等你意识到脸部皮肤出现问题后，通常已很难挽救了。

女性皮肤最美的时期为15～25岁，20岁为最佳期，这是激素分泌所致。激素分泌的多少对于皮肤有很大的影响。女孩子在十几岁的时候，由于卵巢分泌的雌激素及黄体素不够充分，所以不能保持激素的平衡，随着年龄的增长，到了20岁左右的时候已大致能保持体内激素的均衡，所以皮肤的光泽、颜色、弹性和健康情形都会达到高峰，这时的女性皮下脂肪发达，肌肤变得润滑、光泽、有弹性，所以逐渐显出婀娜多姿的女性韵味。然而，雌激素分泌量会随着年龄的增长而递减，到了40岁以后越来越少。而男性的雄激素分泌量一直到老年变化都不大，这也是男人皮肤不易衰老的原因。

随着年龄的增长，女性皮肤会越变越薄，弹性纤维逐渐减少，血液循环不佳，新陈代谢亦开始衰退。脸部血色滋润程度衰退，容易出现褐斑、皱纹，这种肌肤称为"中年肌肤"，也是最需要护理的皮肤。此时只有好好地照顾皮肤，才可延缓衰老。

人体皮肤的性质并不是一成不变的，往往随着季节、年龄、环境、食物以及体内激素分泌等因素而改变。一般来说，冬季趋向干性，而夏季趋向油性，年轻时多偏油性，随着年龄的增长，皮脂腺退化，皮肤会逐渐变干。因此，要根据当时的实际情况来判定皮肤的性质。

所以，选择合适的护肤品，护理好自己的肌肤对每一位女性来说都是不容忽视的事情。

清洁：选用合适的洗面奶，不要用香皂。相较于香皂，洗面奶的性质偏于弱酸性，更适合女性。

保湿：看保湿时间和力度，一般是4～8小时保湿，而含负离子液成分的，可以达到12小时的保湿。在保湿的同时可捕捉周围空气中良性保湿因子帮助皮肤自主呼吸。

洗完脸一定要擦干（而不是等风干），要用紧肤水来进行调肤。因为皮肤有“酸性膜”，可以防止细菌的侵入，以及起到二度清洁的作用。

防晒：SPF值是指防晒系数，一般是以20分钟为单位。比如SPF8，是指对人们在太阳光下照射时间160分钟之内有防晒作用。

如何找到适合自己皮肤特点的护肤品？除了要选择一套基础套装外，还要认清成分。

油性皮肤：选择清爽无油脂成分，如果同时含有较好的控油效果的最好，比如含有金缕梅成分的产品。

干性皮肤：选择滋润系列，同时轻柔地帮助皮肤深层清洁。比如选择含有银杏等加强皮肤弹性成分的产品。

敏感皮肤：建议选择无油脂同时保湿力度大的，最好含有芦荟、洋甘菊这类安抚神经和具镇静消炎作用的。

护肤最好选同一个品牌的一套系列。因为基础护肤最关键的三点是：洁肤、爽肤、护肤，而在一个套系中，环环相扣，都含有相同的成分及因子，可达到事半功倍的效果。就拿美白系列来说吧，在任何一套美白系列里，都会含有相应的美白成分，而这些成分或许是植物性或许是海洋性的，它们在护肤三部曲上能更加明显地体现出相互作用的原理。所以，选择成套的基础护肤系列，要远比选择某种单个的基础护理产品更安全高效得多。

养护皮肤其实还是一种由内而外的工程，据说奥黛丽·赫本有句名言是：“爱吃的女人衰老早，会睡的女人美到老。”做一个“睡美人”，保持充足和有效的睡眠，一定会容光焕发，皮肤富有光泽和弹性，面色也红润饱满。这是赫本的护肤秘诀，也是最符合自然之道的生活方式。

有人说20岁时的容颜是上帝的礼物，而30岁时的容貌是人生的缩影，保护好你的皮肤，做一个像赫本一样珍爱生命、温柔细致的女人。

精致女人要从呵护你的秀发开始

养护漂亮的头发，仅靠洗发水和营养液是不够的，头发是气血的余末，身体健康才会使发肤润泽。

头发对于女人来说，是表现女性柔美气质的最直接的武器之一。你可以想象一位美女顶着一头枯草般的乱发吗？你可以想象一个头发明亮顺滑的女人而没有丝毫美感吗？什么样的女人拥有什么样的头发，这中间有着千丝万缕的联系。

在奥黛丽·赫本早期的黑白照片中，有高雅的盘发，也有轻俏活泼的短发，赫本拥有各种不同的风采。唯一不变的是她的发丝中总带着一圈光晕，在无声地展示着头发熠熠生辉的质感，显得整个人都清新明亮起来。

东西方女性头发有着不同的颜色，不同的女人发质也有粗硬柔细之分，这是先天的，无法改变，但细心的呵护可以使秀发顺滑亮泽，飞扬出女人的本色。

头发如同人的脸面，代表着人的精气神。干净为健康头发的首要前提。如果不经常清洗头发，空气中的灰尘和细菌就极易与头发的分泌物黏附在一起，不仅显得脏、重、缺乏光泽，日常不注重梳理还会导致头发受损和脱落。

除了保持基本的清洁外，拥有亮泽头发的秘诀是经常滋润和营养。没有营养的头发会显得暗淡无光，缺乏神采。

怎样才能使自己的头发乌黑亮泽呢？仅按照电视广告上说的那样，使用这个洗发水、那个营养液是不可能办到的。必须恰当地进行食补及特殊护理，由内而外给头发以真正的营养，同时正确实施局部按摩，改变头皮的微循环状况，这样才能真正使头发秀美起来。

当头发枯干发黄无光泽时

根据对此种头发中微量元素的检验，其结果是缺少氨基酸、铁、碘、钙所致。此时，应适量地增加一些含铁、碘、钙、核黄素、氨基酸多的食品。如大骨头汤、排骨中含有大量易被人体吸收的游离钙，每日喝适量大骨头汤或排骨汤，这样坚持10～20天，头发自会逐渐变好。牛肝、猪肝、香菇中含有较高的核黄素，天然海洋食品海带、紫菜中含碘量最高，应该经常吃一些，做汤或凉拌均可。

当头发经常脱落时

这种情况说明人体内缺少氨基酸、硫胺素、烟酸等物质，应多吃一些富含氨基酸的食品。花生中含氨基酸的量较大，可吃炒花生或喝花生奶。各种新鲜蔬菜如芹菜、黄瓜、西红柿、苦瓜、油菜等，含有较多的不同种类的氨基酸，每天吃的蔬菜量应在500克左右。此外，动物的心脏、肾脏、精瘦肉中也含有较多的氨基酸，应有意识地多吃一些。这样头发在其生长发育过程中才能得到需要的营养物质。

当头发早白时

按照中医讲，这是人体内血热外加头部微循环不畅所致。西医则认为，是体内缺少维生素C、卵磷质、蛋白质所致。所以，平时应多吃核桃、黑芝麻、豆制品、鱼虾类等，长期坚持，头发会有所改善。

头发是气血的余末，身体健康才会使发肤润泽。在日常的饮食中，只要注意营养均衡就可以了，然后再根据自己的状况增加一些有补益的食物，调理出光彩并富有弹性的头发来。

现代女性的头发经常要频繁接受染烫，美发是一件时尚而美好的事情，但是其中一些损伤头发的误区一定要避开。

谎言1：染发对各种肤质的人都没伤害

其实，并非所有人都能染发。若是第一次染发或曾有皮肤过敏史，那么染发前务必进行皮肤测试，即先涂抹些染发剂在手腕内侧，如果出现红痒就证明你属于过敏体质，应立即打消染发的念头，以免患上皮炎。此外，孕妇怀孕的头3个月最好不要染发，因为其中的化合物会影响胎儿的正常发育，并易诱发皮疹和呼吸道疾病。

谎言2：护发用品有助于头发生长

尽管使用洗发水和其他护理方法会增进头发的健康，但它们对头发的生长不起任何作用。因为头发从头皮中长出后就不再具有生命力，这和手指甲的组织类似。真正有生命力的是发根，它才是促使头发生长的细胞群。

谎言3：烫发未成功可再来一次

对新烫的发型不满意，有人会重烫一次或要求发型师帮她恢复原样。殊不知，这样对头发的伤害极大。若实在想重来一次，两次烫发的时间最好间隔3个月以上。而首次烫发的人，烫发时间应尽可能缩短，同时与第二次烫发的时间间隔半年以上为佳。

谎言4：干洗可以使头发更有光泽

这是发廊流行的洗头方式。干燥的头发有极强的吸水性，直接使用洗发剂会使其表面活性剂渗入发质，而这一活性剂只经过一两次简单的冲洗是不可能去除干净的，它们残留在头发中反而会破坏头发角质蛋白，使头发失去光泽。

谎言5：进口烫发剂绝不伤发

再好的烫发剂也会损伤头发，只是损伤程度相对小一些。想不伤头发就不可能使头发变直或卷曲，因为烫发的原理就是用强碱性的烫发剂破坏头发的组织结构，形成新发型。任何一种烫法都会使头发的毛鳞片组织结构被破坏，出现毛糙干枯的现象。所以不要轻信“进口药水绝不伤发”的说法，应在烫发后及时护理，为头发补充营养。

在日常生活中，多花三分精力打理头发，头发将还你十分的美丽。

从“头”做起，选择适合自己的发型

你大可不必兴师动众地让发型改头换面，有时候，细节上的改变就足以让你判若两人。

女性塑造自己优雅、贵气的形象，发型是一大关键。现代形象设计专家认为：“形象设计从‘头’开始，发型变了，你的形象标识就改变了。”看来发型的确具有标识作用和导向作用。

可以试着凝视和端详一下坐在你附近的另外一名女性，想象一下这个女人变换长发、短发、卷发、盘发、染发之后你对她的感觉，你得到的最直觉的反馈并不是美与不美，而是她给你的绝不雷同的特色、个性和生命气息。

奥黛丽·赫本的经典发型有两款，都被以“赫本头”命名。

1953年，赫本与好莱坞著名影星格里高利·派克一起主演的电影《罗马假日》正式上映，赫本在片中扮演楚楚动人的安妮公主，表现出公主高贵、优雅的气息，外貌优美脱俗，体态轻盈苗条，一头黑色短发。在那个性感金发女郎受欢迎的年代，赫本的形象却一下子吸引了观众的目光。著名的“赫本头”表现出的天真无邪使她成功赢得多数人的赞赏，她的这个发型一下子成了国际流行发式。

另一款发型更为经典，是奥黛丽·赫本在《蒂梵尼的早餐》中穿小黑裙、戴珍珠项链、叼烟斗的那个盘发发型。与赫本本人一样，这款“赫本头”已成为了简单、高贵的代名词，成为新娘们的首选发型。这个发型高贵、优雅、一丝不苟中又富有变化，头顶优雅高耸的盘发配上华丽发箍，非常适合搭配小礼服与复古妆容，散发出令人动容的美丽。

中国香港四大才子之一蔡澜曾痛心疾首道：“《罗马假日》中的赫本真是罪过，自从有了她的出现，世上少了多少个长发女郎！”他认为女性之美，一头浓密而不造作的长发居功不浅，但是同时又不得不承认赫本“实在有气质”。这就是赫本的魅力。

发型其实和服饰一样，都是一位女性最直接的“品牌宣言”，品位、个性和追求都可以通过这些外在因素表达出来。从这个意义上说，女人选择发型是为了美丽，同时也要明白自己现在最需要什么样的形象，最需要表达什么样的特性。在我们周围，有一些女性会为了让自己看起来更美丽、更惹人注目而频频变换发型，今天是大波浪，明天烫成直板，后天又盘个发髻。其实这样一来，反而会使自己的个性符号模糊不清，渐渐淹没在大群的庸脂俗粉之间。做出类拔萃的女人，应当学会找出最适合自己的基本发型，而不是当个流行发型潮流的奴隶。

提到乌克兰的“美女总理” 季莫申科，人们都对她盘在头顶的麻花辫印象深刻。

在2004年11月的“橙色革命”之前，季莫申科的头发是深黑色的，不像公主倒像是一把“大扫帚”。但“橙色革命”成功后，她的头发一夜之间也仿佛经历了一场革命。季莫申科称，当时美发师认为她皮肤白净，非常适合将头发染成金黄色，而盘起粗粗的大辫子很有传统乌克兰美女的气质。结果，当季莫申科以崭新的形象在公众场合露面后，立即引起了乌克兰民众的极大关注。

季莫申科的新造型古典、简洁而美丽，非常惹人喜欢，这种形象也就成了她独一无二的招牌。

一位女性是什么样的人，有什么样的生活主张，通过发型都可以明白无误地传递给身边的人。

对于不同身材、不同脸形、不同个性的女子，都有适合于自己的发型，这个发型就是你的“基本款”，它可以将你的优点表现得淋漓尽致。当然，对发型的坚持不等于长期一成不变，我们只是要强调，你不必把自己弄成一个不断换服装、换发型的芭比娃娃。其实，大可不必兴师动众地让发型改头换面，有时候，细节上的改变就足以让整个人判若两人。假如你想变换发型让自己看来新潮，可以选择染发、挑染或打层次，改变刘海的形状等，以局部的重点改变打造出不同的印象风格。加一点点潮流的元素，不用整个发型改变也能有新的气息出现。

眼为心门，画好你的点睛之笔

“化妆的境界在于干净”，眼妆唇彩各有侧重，没有什么化妆经验的人也不会把妆化得很脏。

许多对化妆没有什么心得的女子，总是喜欢把自己的脸当画布，精心勾勒，细致涂抹，力求让自己看上去美一些、更美一些。结果呢？心思用得过了头，化妆没有化出高雅的感觉，反而成了艳俗。

“化妆的境界在于干净”，这是永远的至理名言。比如紫色或酒红色的嘴唇不应与浓艳的眼妆同时出现在一张脸上，否则就太夸张了。当眼妆化得极浓极深时，就该换涂淡色低调的唇膏；而当唇色很耀眼时，就应该将眼妆化得淡无痕迹，这种眼妆唇彩各有侧重的好处是没有什么化妆经验的人也不会把妆化得很脏。

奥黛丽·赫本一向是以清新的妆容而闻名的，她懂得如何通过有层次、有重点的化妆术，突出自己的美丽，强调自己的个性。赫本的招牌是自然的浓眉，大而亮的双眼，无论什么时候出门——也无论在哪里——她都意识到这一点。她钟情于黑色经典款长睫毛膏，加上深浓的眼线，这就是赫本魅力的武器。

化赫本妆，首先要注意眉形的修整。虽然裸妆大行其道，但纯天然的眉毛不会让人赏心悦目，至少也要把眉毛修剪得整齐而干净。如果脸的轮廓线条不清晰，利落的眉形能够立马凸显脸部的立体感。

修眉和画眉，要顺应自己的脸形，打造出和谐美丽的妆容。

方形脸

上扬眉能修饰方形脸，两眉距离靠太近，脸会显得更方。

上扬眉属于强调弧度的高挑眉形，刚好掩饰了脸上稍嫌严肃的角度，像施了魔法一样，把脸变圆了。

画眉时要注意的是两眉之间最好保持一点距离，两眉距离太接近会使五官显得太集中，让方形脸变得更大、更方。

倒三角形脸

下巴尖尖的倒三角形脸是所有问题脸形中最幸运的，因为可以选择的眉形相对较多。不过因为倒三角形脸线条较直削，因此上扬眉形会使得脸部线条感觉过于刚毅，给人不容易亲近的感觉。略带弯度的自然眉形可以缓和脸部的线条，使脸形显得柔和。

整个眉从眉头到眉尾，呈现缓和的自然弧度，就是所谓的自然眉形。因为眉形没有突起的眉峰或是上扬的眉尾，因此描画时只要照着眉毛生长的形状描绘就能将眉形自然轻易地画出。

长形脸

一字眉是最佳选择，高挑眉就别试了。两道横在脸上直直的线条，反而使得脸形看起来感觉不那么长，两颊也修饰得圆润一些。

眉形平坦没有弧度或是眉峰的高度不够的女孩，顺着自己的眉形一般不需要大修改就能画出一字眉。

圆形脸

弓形的高挑眉最适合圆形脸的女孩，它高挑的弧度恰好在圆脸上拉出适当的距离，让脸部的五官不那么集中，也使得脸被拉长了。

本身眉形就很高的女孩，只要顺着自己原来的眉形稍微描画就很完美。如果没有天生的弯曲眉，那么将眉毛后半部分完全剔除，靠着手工技巧，也可以画出时尚眉形。

眉形对于女人的美貌可以说是有着举足轻重的影响力，选对了眉形，能立刻修饰脸形的缺点，让人眼前为之一亮。如果对自己的脸形不太满意，建议你换个发型，修饰一下眉形，马上会有焕然一新的感觉。

眼睛的化妆和眉形是一个整体，出色的化妆术能让你立刻达到“眉眼盈盈”的效果。

当年赫本那双梦幻般的大眼睛，在某种程度上是来自她的化妆师艾伯托的功劳。艾伯托工作起来严谨到令人恐怖，他给赫本涂睫毛膏，会用一个安全别针一根一根地把睫毛分开来涂！当然，我们给自己涂睫毛膏时，只要拿出艾伯托十分之一的细致就好了。

然后画眼影，眼影底色与皮肤的自然色相近较好。从眼睑到眉毛都要遵循这个原则。如果一开始就用深色，则很难和整个肤色达成协调。如果眼影的颜色太深，会使眼睛显小。

用眉笔画眼线，上眼睑到下眼睑都要画到。接下来用深一点的颜色涂第二遍眼影，仍然要用半透明的。微微闭上眼睛，把眼影涂在眼皮的褶皱里，用棉签抹匀，这样看起来自然一些。

如果你想化个充满异国风情的晚妆，就再涂一层眼线液。这个方法简单快捷。

最后，赫本妆的重点在于眉眼，那是因为很好地利用上帝馈赠给她的自然美，每个人脸上的点睛之笔也要因人而异，发现自己的美，强化自己的美，才是聪明女人应该做的事。

让双唇盈润的护唇技巧

“本色化妆法”不会让你变得“面目全非”，你就是你，不是别人，它只是令你更加出众。

在奥黛丽·赫本的造型中，眼睛是重点强调的部位，对于双唇的处理，则以饱满的颜色修饰，增强整体的和谐感。

分析一下赫本的五官，她是长方形脸，两腮比较宽，因为摄影角度的问题，会误以为赫本是标准脸形。赫本在拍摄正面照片时，你会发现都是低头的，漂亮脸形的照片都是侧脸。

短短的刘海，粗粗的眉毛拉近了眉毛与眼睛的距离，使得眼睛看起来更具神采，而且粗粗的黑眉毛能与赫本大大的眼睛形成呼应。原本薄小的唇形被修饰得饱满、圆润，仔细看一些照片，会发现赫本的上唇被加厚了。

赫本很重视口红的运用，换一种口红颜色，常有“改头换面”的印象，因此，口红是最便利的化妆品。色彩分明的红色系具有让五官分明的效果，若将嘴角稍往上描画，可使嘴部更显优美。亮光系的口红也易使唇部显得厚重，因此不宜整体使用，仅涂唇部中央，可增加立体感，增添唇部的美感。

每一个人都有不同的身型、不同的脸形、不同的五官。五官之中，唇形的分别是十分有趣的。嘴唇大小、嘴唇的厚薄，甚至唇色的深浅均各异，如果细心观察，就会体会到，如果希望化妆后嘴唇好看，非要花上一番心思不可。

嘴唇的形象往往决定了一个人的表情。这种变化关键在于嘴角与唇峰的相互位置，以及唇峰的距离和上下嘴唇的厚薄比例。嘴角部分是上翘还是下挂，不但在一定程度上决定了脸形，还决定了表情。一张嘴角上翘的嘴会在脸上增加一份亲切的笑意。相反，嘴角下挂会给人抱怨、生气的印象。两个唇峰的距离过近会显得上唇噘起，显得贫乏无力。同样，唇峰过于拉开，会给人大大咧咧、不负责任的味道。上唇过小让人觉得有轻视他人之感；上唇过大，整张脸会显得没有下巴。

人的嘴唇可以通过化妆来改变形状。在嘴唇的边沿有一道翻卷起来、颜色浅一点的小边，改变唇形的化妆就要利用这个部分。想扩大嘴唇就让口红盖过它，想缩小嘴唇就把它让出来，这样就不会感觉不自然。

人的脸上有色彩的部分是眼影、腮红和嘴唇，尤其嘴唇是最有色彩的部分。嘴唇的颜色本身是以红色为主，随着血液的多少有时偏黄、有时偏白，不同的唇部颜色会让人对你产生不同的印象。

粉红色系的唇红有粉红、玫瑰红等，色彩倾向于明亮，有少女般的甜美和成年妇人的华丽。略微偏暖的正红色给人健康的感觉。如果用再暖一些的橙色，可以给人清新爽朗的印象。假如用褐色系列的唇红就会有敏锐、流行、成熟、厚重的感觉。当然偏蓝紫色的口红也可以使用，但用不好会显得呆板、冷酷。总之，使用的色彩鲜明，就会给人开朗、活泼、积极的印象，深色的口红自然就会给人稳重、优雅、智慧的感觉了。其实在生活中，用较为自然一点的口红颜色不但流行，而且让人觉得舒服。过于怪诞的色彩，虽然风格鲜明、亮丽，但与我们一向所强调的清新自然的赫本风格是相悖的，在办公室的环境中也并不是那么协调。

女性之美不排斥对自己的精心修饰，但是要知道，这种修饰是发掘你的美，而不是掩盖你的缺陷。

有一种“本色化妆法”，这种化妆手法不会让你变得“面目全非”，你就是你，不是别人，它只是令你更加出众。本色化妆法只从粉底霜、香粉和眼影膏的宝库中重新塑造出一个本来面目的你，达到自然美容的最佳效果。想象一下，你拥有在清新的空气中待了一天之后的脸色，消磨了整个夜晚亲昵之后的唇色，整整一个星期早睡之后的肤色，是不是红润而生机勃勃、漂亮而清新？这时你就会理解这种化妆术了。即使你长期睡眠不足，又只能在充满废气的大街上呼吸所谓的新鲜空气，本色化妆法仍能帮你塑造出一个生活在清新环境中的自然美的形象。

本色化妆法的重点是既经过修饰，又保持本色，很自然，很适合现代女性。这种妆容强调轻柔的手法，切忌浓重的线条。摒除不自然的色彩，要根据自己的肤色和轮廓在自身的基础上加以修饰。唇部的化妆不需要像外科医生那样精描细摹，首先要润湿唇部，然后抹上最接近本人自然唇色的唇膏，再轻搽上本色光泽的油膜。脸上其他部位的化妆也本着自然的原则，创造一个充满生气的崭新的形象。

本色化妆法则，可以帮助女人们像赫本一样焕发出一种传统而完美的光彩。

赫本如何用化妆品牌

精美的化妆品会让我们发现从未发现过的一个全新的自己，一个完全与众不同的自己。化妆品让女人更像女人。

一个女人的化妆台包含着她全部的思想认识和生活状态。她是浓妆艳抹还是素面朝天，是热情洋溢还是含蓄内敛，是优雅自信还是心境黯淡，她日常使用的化妆品无言地阐述这一切。男人的生活态度表现在手机、皮带、公文包上，女人的生活态度表现在化妆品上，比她与衣饰的关系更为密切。

在日常消费上，女人们对于品牌的虚荣心并不值得称道，但化妆品是唯一的例外。当你往脸上涂抹一种护肤或彩妆名品的时候，感觉绝对与用一些大众化的牌子不同，而这种来自心底的舒展与自信就是对自己肌肤绝好的滋养。

20岁的女人穿剪了袖子的T恤和自己加了花边的裙子是创意，过了30岁的女人再改装旧衣，一不小心就会显出寒酸来。同样，成熟的、经济独立的都市女性只有靠经典的化妆品牌才能衬托出自己的品位与信心。

高雅迷人的奥黛丽·赫本是多少人心目中的女神，纵然过去了这么多年，依然还是有女星模仿她的穿衣、化妆和发型。我们知道她喜欢用雅诗兰黛的产品，另有多款化妆品是为她量身定做的，比如Greed品牌的Spring Flower香水，花果香调，前调为桃子、甜瓜和苹果，中调则是茉莉和玫瑰，基调为麝香和龙涎香，传递着纯真活泼的味道，一如奥黛丽·赫本本人。

对于女人，美不再是简单意义上的漂亮，而是一种愉快的生活感受。精美的化妆品会让我们发现从未发现过的一个全新的自己，一个完全与众不同的自己。化妆品让女人更像女人。

女人的底气不能完全靠化妆品撑着，但是如果一个女人与化妆品隔膜太深，证明她已经对自己不再珍爱，对时尚不再敏感。现在，我们有必要花一点点时间，来重新温习一下化妆世界里的名品。

兰蔻（LANCOME）

在近70年的时间里，兰蔻以其独特的品牌理念实践着对全世界女性美的承诺，给无数爱美女性带去了美丽与梦想。更难得的是，一个近70年的老牌子时至今日还能保持如此年轻的状态，在彩妆以及护肤界均有众多被时下女性拥护的精品。

雅诗兰黛（ESTEE LAUDER）

该产品的那句“如果你16年前已经用上了ANR系列，那么16年后的今天，你的皮肤依然和16年前一样细腻娇嫩”广告语深入人心。

迪奥（DIOR）

以做高级时装起家的迪奥品牌，自1947年首次推出香水MISS DIOR后，现已全面进军美容领域。经典与高贵是迪奥的代名词，如今，迪奥更是时尚和创新的代表之一。

香奈尔（CHANEL）

以交叉的两个C为品牌标识的香奈尔品牌，同样以高级成衣起家。在美容领域最大的成就是香水。No.5香水——这个成就了一段香水神话的产品，已经成为全球无数女子的化妆台最爱。性感女神梦露的那句“我只穿No.5入睡”的名言，更让这款女士香水名垂百年。

美之匙（SK—II）

数十年前，一个科学家参观一个酿酒工厂时的偶然发现，导致了一个美容界的神奇品牌的诞生，它就是美之匙。从20世纪90年代起，美之匙从蜜丝佛陀（MAX FACTOR）公司独立出来，定位为高级保养品牌。其专利成分PITERA，提取自米酒中的天然酵母。

碧欧泉（BIOTHERM）

碧欧泉卓越的护肤功效来自温泉中提取的精华PETP（矿泉有机活性因子），富含多种微量元素、矿物质和蛋白质成分，能温和调理肌肤，使其达到均衡状态。它是法国的科学家在研究温泉对人体的疗养功效时发现的。

娇兰（GUERLAIN）

卓越的品质使娇兰从众多品牌中脱颖而出。娇兰从创立伊始就采用的神奇香料配方——汤加豆、茉莉、玫瑰和鸢尾花，成为娇兰香水的芳香标记。

希思黎（SISLEY）

希思黎创立于1976年，是法国一个家族式的贵族化妆品牌。创始之初，整个品牌非常低调，顾客群也只限于一些上流贵族圈。直至20世纪末，希思黎才开始在全球范围内公开发售，纯植物提取是该品牌的立身之本。

波比布朗（BOBBI BROWN）

波比布朗的哲学是：让每一个女人都做她自己，最自然的状态就是最美的。因此，该品牌的彩妆颜色毫不花哨，色彩也大多是基本的，质地让人爱不释手。

每个女人的生活环境、皮肤性质各不相同，不一定非要把那些化妆名品涂在脸上才开心。我们的理念不过是让女人们更加珍爱自己，身上的女性色彩越浓，才越可能像赫本一样青春永驻。

第四章

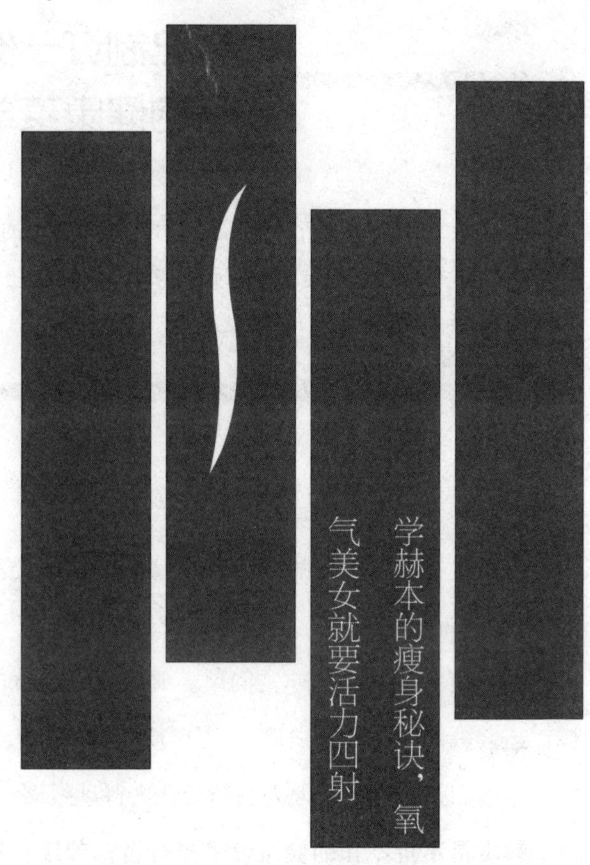

赫本每次到我家，我们就会吃意大利面、品香草冰激凌和巧克力酱。这就是我们最大的享受。

——密友桃瑞丝·布莱娜

为自己制订一份合适的健康菜单

女性要保持苗条的身材和光滑细致的皮肤，新鲜、自然的饮食是最主要的原因。它们不会给五脏六腑造成负担，皮肤自然不易老化。

美丽是可以吃出来的，选择食品甚至比选择化妆品更为重要。

经历过怀孕和心脏病之后，奥黛丽·赫本仍然保持清瘦的身材，接近五英尺七英寸（1.7米）的她只有110磅（49.5千克）。

赫本在家中的饮食非常简单。她每天吃新鲜的水果和蔬菜，很少用浓重的调料，还会摄入必要的蛋白质 （蛋白质对跳舞的人尤为重要），但不会过量。她不会吃非常油腻的食物，因为脂肪会让人行动缓慢。

赫本是不折不扣的健康食品推行者，曾经和她合作过的演员达纳·温特说："我还记得那天黎明时，赫本看到我在狼吞虎咽地大嚼发型师给我带来的热面包圈，她表现得非常惊诧。她当时吃的是粗粮松饼和一杯热牛奶。她即刻放下手中的松饼来教育我这个不懂得营养的人。她当时的举动可爱极了。"

健康的饮食加上先天的遗传因素使得赫本能够保持苗条的身材。她从不节食，而且精心安排自己的饮食菜单。

其实岁月对每个女人都是公平的，谁也没有魔法，只有细心呵护自己的女子，才能创造不老的神话。女性要保持苗条的身材和光滑细致的皮肤，新鲜、自然的饮食是最主要的原因。这些食品的养分都是天然的，不会给五脏六腑造成负担，皮肤自然不易老化。

女人在生活中是不应离开水果的，苹果、梨、橘子、菠萝等水果如何吃才算最有价值，许多人并不清楚，其实很简单，只要掌握一个原则，那就是吃新鲜的。

我们往往有这样的习惯，买回一箱水果，放得有些日子了，眼看有的已经快烂了，就赶紧吃这些不能再放的水果，到了明天，发现又有一些要烂了，于是又拣出来吃。其实这些快烂的水果已经没有营养了。应该改变一下习惯，先吃好的，快烂的干脆扔掉。这样虽然吃的数量少了，但营养价值反而更高。所以，宁愿多花点钱，也要买新鲜的水果。

除了水果，其他蔬菜、食品也是如此，最好避免食用那些存放期长的食物，以免吃进对身体有害的物质。有的女性贪图方便，喜欢长期食用方便食品，却不知这样非但得不到人体必需的营养，反而会造成体质下降，脸色苍白，还会因为添加剂等原因损伤容颜。营养学家认为，生活中应当有足够的新鲜食物满足人体所需的营养，只要我们对食品的成分有基本的了解，就可以在日常生活中制作出自己喜欢的美容菜单。选择新鲜，既饱了口福，又美了容颜，何乐而不为呢?

随着生活水平的不断提高，食物越来越细、越来越精，以致人的咀嚼功能逐渐退化，胃肠的消化功能也越来越弱，最明显的就是牙齿再也咬不动坚硬的东西，胃肠也经常不适，便秘成了普遍现象。

从美容的角度讲，长期食用过细过精的食物，除了使身体得不到必需的营养以外，还会增加患牙病和便秘的可能。而便秘会使人的内火上攻，有人会因此面色潮红或面色灰暗，也有的人会出现色斑，更严重的是肠癌的发病率会大大增加。有人形容健康有3项标准，那就是吃得快、睡得快、拉得快，这“三快”可促使人体健康循环，而要做到这一点，在饮食中就要增加粗纤维，刺激肠道的蠕动。因此，为了增加食物中的粗纤维，就要多吃“草”。这种粗纤维大量存在于粮食、蔬菜和水果中，比如粗粮中的高粱、玉米、地瓜等，蔬菜中的芹菜、韭菜、笋等，水果中的菠萝等。多吃这样的粗纤维食物，就像每天给体内派遣清洁工一样，清除出体内的垃圾，皮肤也会变得细腻。

几乎所有的食物都有其药用价值，大自然的动物、植物、矿物和我们属于同一个星球，与人类有着共同的生命密码，所以我们的身体不会抗拒它们，这些自然物对人体也不会有化学制剂那么多副作用。

在办公室里可以试试枸菊明目茶。将枸杞子、菊花放在杯中用开水冲泡3分钟即可，可随意饮用。鲜红的枸杞和白菊花泡在一起，无比的赏心悦目，捧在手里本身就是一种快乐。枸杞和菊花搭配，可以清肝明目、养血益精。如果长期在电脑前忙得头昏眼花，它们或许可以给你一些帮助。

饮食有度，别暴饮暴食

无节制饮食很容易形成习惯，而且很难改掉。导致无节制饮食的关键是没有把自己的行为和最终目标联系在一起。

在物质丰富的今天，健康的饮食说到底就是要学会节制。不要因为贪图舒服和享受就放纵自己做各种以后对身体有伤害的事情。学会控制自己的饮食，该吃就吃，不该吃就别吃，才是真正健康的饮食之道。

许多深受肥胖之苦的人都会发现自己有一个危险的行为。他们会偶尔尝一下那些被禁止吃的食物以使自己得到满足。只吃一口确实没什么事，但是，有第一口就会有第二口，吃了一种被禁止的食物就会想吃第二种。等意识到这个问题的时候，他们发现自己在半个小时内已经吃掉了相当于一个月的量的被禁止吃食物。

这就是无节制性饮食。对某些人来说，这是一个很难攻克的难题。在这个问题上，让我们来看一下赫本是如何做的。

赫本有一双慧眼，能够识别什么对自己有好处，什么对自己有坏处。第二次世界大战结束后，赫本生活在伦敦，她被剧作家科莱特选中去百老汇演《琪琪》，当她从英国启程去排演的时候，逮到什么吃什么，一下子胖了20磅。制片人惊恐地发现原先那个天真无邪的小姑娘一下子失去了应有的轻盈灵动。赫本自己也立即警醒了，她抵制了美味的诱惑，开始尝试生拌牛肉末和蔬菜沙拉的减肥法，迅速回复到了她先前的110磅，并且终身保持这个体重。

赫本认为，如果你想拥有美好的身材，方法很简单，每天都进行身体锻炼，然后保持良好的饮食习惯，合理食用科学比例的各种食物，并且保持心情愉快。

赫本的节制不是强行压抑自己的食欲，有些人为了节食除了沙拉和醋之外什么都不吃，但赫本绝不是这种人，她喜欢吃意大利面或类似的食物。**赫本的节制是建立在自然之道上的，她曾说：“我的体内似乎有一个天平。我的胃口很好，什么都吃，但是一旦吃饱了，胃部会像闸门关掉一样，我就停止进餐。”**

如果现在你对自己的身材和自律性都不甚满意，那么就有必要改变饮食习惯。要知道，无节制饮食还有其他许多方面的影响，它会深刻影响一个人的自我形象、自信心、毅力，以及生理健康。它会在一段时间内使身体超负荷运转，而由此导致的生理反应会破坏我们的生命力。无节制饮食很容易形成习惯，而且很难改掉。导致无节制饮食的关键是没有把自己的行为和最终目标联系在一起。

减肥需要控制饮食，但并非一下子就什么都不吃，需要根据自己的实际情况来选择适合的饮食方式。

一天正常吃三餐

想减肥的人不要想着少吃一餐可以节省一餐的热量，这样的想法很可能导致补偿心理，下一餐反而吃得更多。所有专家都建议，三餐要正常吃，而且一天只吃三餐！额外的下午茶或是夜宵全部禁止，当然零食也不可取。如此一来，不仅可以很方便计算热量，也能品尝到美食，更棒的是身体习惯了正常饮食，就不会出现暴饮暴食的现象。

早点起床吃早餐

千万别再拿忙碌、节食等借口来省掉早上的第一餐，这可真是白白浪费了大好的减肥时机。早餐是第一餐，攸关开启摄食产热中枢的时间，当身体开始进食，产热及耗热效应才会开始进行。所以这时间当然是越早越好，建议早上7～9点就把早餐吃完，对瘦身绝对有帮助。

在餐桌上吃饭

在餐桌上吃饭也是养成良好饮食习惯的方法之一，一方面是可以避免看到什么就想吃什么的坏习惯；另一方面，将饮食当成正式事情来执行，不看电视、不看报纸，也能让消化更好。

空腹时不逛美食街

有时候在看美食节目，会觉得好想吃，这种念头如果转到美食街上，可能马上会被化成行动了吧！所以建议不要饥肠辘辘的时候去逛小吃街，当然逛夜市前也要先吃点东西填填肚子！

随身准备低卡小零食

确实很饿的时候，千万不要忍，拿出随身携带的低卡食物来填一下肚子，可以避免下一餐吃得过多。例如冻干水果片、全麦苏打饼干等，都是不错的选择。

做氧气美女，你就要动起来

运动有健身美容的功效，事实上它的作用不仅仅于此。运动给身体带来的活力，可以让女人的心态也变得年轻。

女人绝不能对自己的外表掉以轻心，如果在你胖起来以后再去改善体形，恐怕要付出更多的努力。其实35岁以后，在你看起来仍然年轻漂亮时，就应该开始为保持体形而锻炼，那样才能留住美丽。一旦放松自己，随意吃喝又懒得锻炼，那不出几个月，就会由一个轻盈美丽的女性变成一个腰身粗壮的中年妇女。相反，即使你本来相貌平平并不出色，但只要从此开始修炼内心，并注意保持体形，用不了多久就会令人耳目一新。

当然，对于上有老下有小的女性来说，日常生活实在是太累了，永远有干不完的家务事。忙了一天，已经心力交瘁，怎么可能再去跑上一圈，或把健美操再蹦上一遍呢？在琐碎的忙碌中已没时间再去倾听自己的内心独白。因为太累，只能在晚饭后瘫在床上或沙发上看电视作为休息。腰部的脂肪就这样一天天地堆积起来，身体的曲线也一天天消失，这比脸上的皱纹更可怕，更是衰老的象征，它表明你不再是年轻美丽的女性，而是一个地道的母亲、妻子、阿姨。每一个女性都不希望如此，那就必须痛下决心坚持锻炼，坚信自己一定能控制住体重。只要坚持下去，就会有效果，把松弛的腹部收紧，让腰苗条起来，让腿和脚也更加轻巧结实起来。

没有时间运动，没有合适的场地运动，都不应该成为女人不锻炼的借口，在家里，在小区里，运动项目随时都可以进行。

奥黛丽·赫本酷爱动物。多年来，她曾饲养过很多种动物，有猫、猴子、鸽子，还有一头小鹿。但她最钟爱的还是狗，她亲切地称它们为“我的小汉堡包”。

赫本养了5只杰克·拉瑟短腿狗，有咪咪、图皮、潘妮、皮瑞，还有杰克。她喜欢这种特别容易激动的狗。

她曾说：“我带着狗散步，这让我保持苗条身材；我同狗讲话，这让我更加理智。还有什么比醒来时拥抱着热乎乎的小狗，逗它玩耍更惬意的事呢？”

赫本喜欢亲手做晚餐和家人享用，并在结束时说：“天还没黑，我们去散步吧。”所谓散步并不是悠闲地漫步，而是穿越小路，沿着母牛的脚印和崎岖的道路快速地经过路旁的景致。她喜欢行走，并欣赏途中的一切风景。

让身体动起来，运动有健身美容的功效，事实上它的作用不仅仅于此。运动给身体带来的活力，可以让女人的心态也变得年轻。看看好莱坞的“不老星”们，总是那么充满活力，美得那么惊人。为了保持良好的体形，她们经常锻炼身体。游泳、骑摩托车、跑步……那真是一群永远也不会衰老的女性，或者说，即便已经老了也魅力永存，光芒四射。

活力与运动同在。女性从身体特点出发，可以为自己选择一些不激烈又可以活动全身的运动项目。比如说爬楼梯既可以出汗健身，又很适合忙碌的都市上班族天天就近练习。网球则是非常合适的全身运动，能增加身体各部位的灵敏度与协调度，让人保持精力充沛，同时对于关节的压力也不如跑步和高冲击有氧运动来得大。而在心理上，这些运动让人神清气爽，缓解紧张和压力。以爬楼梯为例，有规律地爬上爬下常是控制自己，让心情恢复稳定的好方法。同样，打网球除了有社交作用，还能使人抛开压力与躁念，训练专心判断力与时间感。

此外，你还可以多散步，跳交谊舞，练习瑜伽或进行水中有氧运动。散步能强化双腿，帮助预防骨质疏松与关节紧张。跳交谊舞能增进全身的韵律感、协调感，非常适合不常运动的人选择，瑜伽能使全身更富弹性与平衡感，能预防身体受伤。水中有氧运动主要是增强肌肉力量与身体的弹性，适合肥胖者、孕妇或老弱者。这些都不算是激烈的运动，除健身之外，它们的最大功用是能使人精神抖擞，愉悦身心，并且有社交的作用，是让女性保持年轻心态的一个好方法。

一位法国健身专家这样说过："不要小看一个能够长久保持优美身材的女人，这通常是一个顽强和很有自制力的女人。"这就是说，女人美丽身影的背后不仅仅是形体的问题，女人提升魅力也不仅仅是漂亮的问题，其中还折射出诸多的女性内涵与素养。

有了一种对美的渴求，为追求它而付出努力，就一定能真正美起来。美能唤起自信，延长青春。

如何吃巧克力使自己不发胖

女人们无须因为害怕发胖就拒绝巧克力之类的甜食，巧克力并非不能食用，关键在于你如何合理地享用它们。

奥黛丽·赫本有着纤细的身材、优雅的身姿，看起来像个只吃"水果和花瓣"就能生存的人，这是一个天使般的女人，和美食美味实在很难联系在一起。

其实赫本比我们想象中生活化得多，她的长子肖恩回忆道："母亲的饮食习惯很简单，没有刻意地节食，饭量也和普通人一样。母亲非常喜欢意大利面条，差不多每天都要吃，吃意大利面的时候，她喜欢配番茄酱或者沙拉，不过不管食物多么诱人，母亲每次只吃一份。

“出于个人口味的原因，母亲不吃猪肉，但是她会吃少量的牛肉、鸡肉和鱼。母亲有一手好厨艺，她认为，食物颜色的搭配与口味同样重要。‘如果整个盘子里都是白色的东西，那吃的时候感觉一定很无趣。不仅如此，那样的食物对你的身体估计也不会是一件好事。’根据这样的理论，母亲自创了很多健康食谱，不仅颜色搭配得很漂亮，口味也很棒，每次我们都会把盘子舔得一干二净。

“母亲告诉我们，意大利菜的秘诀是材料的新鲜。每一种配料都是在短时间内准备好的，这一点不像法国菜，准备工作也要讲究过程、排场，最后只能用大量的酱料沙司来掩盖食物的不新鲜。母亲总说，贵族皇室创造了法国菜，农民创造了意大利菜。把意大利菜看作就是在食物上覆盖上厚厚的番茄酱和奶酪是不公正的，事实上这是世界上变化最多的菜系之一。在一些地方，同样一道菜绝不会出现在20英里以外的村庄中。

“母亲有她自己制作的用来给意大利面调味的香蒜沙司配方，我们称之为‘奥黛丽香蒜沙司’，基本材料是芹菜、罗勒叶、大蒜、橄榄油和意大利干奶酪。与其他沙司相比，奥黛丽香蒜沙司含水量更大。

“母亲从来不吃快餐食品，不过她并不拒绝甜品，而且要足够甜。她喜欢在香草口味的冰激凌上浇焦糖浆。由于经常在早上被电话吵醒，以及长时间的电影拍摄，母亲养成了午睡的习惯，每次午睡之后母亲都会吃一整块巧克力，整整一大块！母亲说，巧克力是让人快乐的食品，能够驱走忧郁。”

从上面的回忆我们可以看出，奥黛丽·赫本对享受和制作美味的食物有着浓厚的兴趣，她的饮食之道是顺应自己自然的口味，尽量食用新鲜的食物。另有一点很让我们感兴趣的是，赫本喜欢甜食，热爱巧克力。

这对于喜欢甜品的女子无疑是一种利好消息，不过，要相信奥黛丽·赫本绝不是一个自我放纵的女人，她吃巧克力肯定不是“想怎么吃就怎么吃”。

根据现代饮食健康理论，女人们无须因为害怕发胖就拒绝巧克力之类的甜食，巧克力并非不能食用，关键在于如何合理地享用它们。

有人说吃糖会变胖，这么说来更应该担心脂肪才是，每匙糖含热量16卡，而每匙脂类食物含热量100卡，显然摄入脂肪比摄入糖更容易在体内累积热量。其实，变胖不是糖也不是脂肪的错，如果身体摄入能量大于消耗能量，即使吃热量值低的食物，也还是会胖。

疲劳时。吃糖是效果最好的好方法，例如下午茶吃巧克力点心。巧克力中含有“可可多酚”，能促使心脑血管扩张，改善血液循环，增加血流量，从而为身体提供能量，缓解疲劳。最好吃黑巧克力，它富含镁离子，同时具有安神、抗抑郁的作用。

运动前后。运动医学研究证实，如果在剧烈运动前补充少量含糖饮料，可以帮助运动员提高成绩，运动之后及时补糖，则可以消除疲劳。

炖补品时要加冰糖。中医认为冰糖可以润肺，在做滋补、润泽的汤品时最好放一些，不过应该在炖好了即将关火时最后加入冰糖，效果更好。

女性补益时要加红糖。中医认为红糖具有养血、补血的作用。血虚的女性（表现为月经量少、脸色苍白）或产后新妈妈，可将核桃、芝麻、阿胶、红糖、枣熬成膏，每日服用。痛经的女性可以在月经第一天和第二天服用红糖姜汤，有很好的治疗效果。

没吃早饭时。如果起床晚了，没顾上吃早饭，临近中午就会感到昏昏沉沉，注意力不能集中，思维能力下降，这时如果吃点甜食，就能快速恢复大脑功能。

下午2点吃糖。据报道，美国科学家对数百名驾驶员试验发现，当他们按要求每天下午2点吃点巧克力、甜点或甜味饮料时，可以提高注意力，减少车祸的发生率。因此，当你下午开车外出时，不妨吃块糖振奋一下精神。

最后，告诉大家一个小秘密喔，喜欢巧克力的赫本同时也喜欢用番茄酱之类的食品配餐。番茄含有丰富的果胶等食物纤维，让人很容易有饱足感。另外，它所含的纤维不但无法被肠道消化，还会吸附多余脂肪一起排出。更重要的是，番茄富含维生素，其中B族维生素能促进脂肪代谢，是非常美味的健康减肥食物之一。

我们每天都要吃进足量的食品，可是对于想要减肥的女人来说，怎么吃是个大问题，她们总是生怕一吃下去肉就马上长出来。我们要有方法地吃，有计划地吃。方法正确的话，吃甜品也不会增加脂肪，保持好身材其实也不太难。

保持优雅身姿，获得纤细身材

女人的姿态松松垮垮，没有美感不说，同时会使脂肪在身上囤积，让肥女更肥。

身材不够理想而被视为丑女的女性，肥胖只是原因之一，另一个让她和美丽无缘的原因是那种松松垮垮的姿态，自己都将自己放弃了，别人怎能不放弃你？而同时那懒得像没骨头似的姿态，使脂肪更容易在身上囤积，让肥女更肥。

奥黛丽·赫本从青春少女直到患病的老年时期，从来都是神采奕奕地出现在人们面前。这个与她幼年所受到的家庭教育是分不开的，奥黛丽·赫本说："做男爵夫人的女儿不会让你与众不同，母亲生于20世纪初，在一个严厉并具有维多利亚文化的家庭中长大。**母亲教导我坐得端正、站得笔直，她告诉我吸引大家的注意是正确的行为、永远不要让自己出洋相、只有通过工作才能谋生。"**

保持优雅的身姿，是一种态度，也是一种坚持。

如果你是一个有心人，完全可以把锻炼融入生活之中，只有想不到，没有做不到。

早晨醒来后，坐在床上，做手指张开和提拔的动作，反复10次。此练习不仅能保持手指的健美，而且能使头脑清醒，精神振作。

刷牙时，锻炼脚跟，即将脚后跟抬起、放下。若能将刷牙、漱口和抬脚后跟的动作做得有节律，则效果更佳。

离家上班时，站在穿衣镜前，做5秒钟伸展体操。脊柱、膝伸直，两肩保持水平，收紧，放松背部肌肉，反复进行。

梳头时，分别向两侧梳，同时伸展异侧颈部。此练习能保持项颈部的优美线条，防止双下巴出现。

每天上下班坚持在平坦的路面上直背、挺胸步行一段距离，养成习惯后，不仅步态变美，腿肌也会得到很好的锻炼。

乘车落座后，将腿架起来，上面腿的脚尖稍稍翘起。两腿交替做。此练习可使小腿肚收紧变细，看起来较修长。

办公休息时，坐在椅上进行臂部锻炼。背伸直，稍离开椅背，两臂后仰上抬、下放，反复做此练习有良好的防止肌肉松弛的作用。

洗澡时一腿站立，另一腿屈膝，俯身屈侧腿，交替进行，这样腰、背、腿都得到了伸展锻炼。腰部自然扭动，可促进脂肪分解，使腰、臂的线条变美。

上饭店坐等食物时，可将两臂交叉置胸前，不放台上，而是悬离台面1厘米。这样做有防止手臂赘肉的效果。

睡觉前，做俯卧撑30次。次数不可太多，否则对睡眠有一定妨碍。

如果你觉得这种锻炼有些枯燥，可以增加有趣的心理和精神的调节，每天使自己有一个好的状态。

西方学者正着力于研究东方古老医学里所提倡的自然疗法，实践证明，针灸、按摩、催眠、冥想等自然疗法治疗都市慢性病，效果远比吃药来得明显，因此，大可不必舍近求远。许多自然疗法随时都可以做，均衡饮食、调整呼吸、抽空冥想一下……你只需点点滴滴地积累有利于健康的好习惯，做一个持之以恒的有心人，就会发现原来点水也能成河，小计谋也会有大回报呢！

首先，在头脑中酝酿一句能对你产生积极影响和强烈共鸣的名言警句，每天出发上班前在头脑中将这句话回放5分钟。这会使你的心绪更积极向上，以更好的热情投入工作中。

堵车时，别光顾着抱怨糟糕的交通状况，来进行呼吸放松吧。集中丹田（小腹）位置，做4∶7∶8呼吸法——先呼气，再以鼻吸气，默数4下，闭气7下，再用口呼气，带出“咻”声，默数8下。只要你坚持经常偷闲片刻做这样的呼吸运动，就会发现浮躁的心灵平静了，如果你失眠，肯定失眠的症状也会得到改善。

周末或假日散步于树林里，将食指、中指、无名指并拢于肚脐下方，做深呼吸，同时轻轻按下肚子——这是恢复元气使人兴奋的主要区域，这一动作可重复15次。森林是一个氧气加工厂，每公顷森林能吸收1000千克的二氧化碳，产生370千克氧气。森林更是一个天然的吸尘器，它对粉尘、灰尘有着良好的吸收和过滤作用，对治疗咽炎、肺炎、支气管炎等呼吸道疾病十分有益。

如果可能，假日里去海边或山顶上看看日出。也许工作和婚姻都让你疲惫，不妨去看看日出，当你看到喷薄欲出的朝阳，就会有一种重新获得新生命的感觉，也就有了新鲜的活力。

要瘦身，也不可牺牲生活乐趣

于食物、身材或其他方面你必须尽可能地从容一些，否则就会成为这些习惯的奴隶。也许你会拥有靓丽的皮肤，却可能变得像个麻木的机器人。

凡是女人，大都觉得自己的衣服少一件，而体重，却总是多那么一点点。

女人要减肥，起源也多是因为对生活的热爱，所以实在不必虐待了自己，心里有个纤体美颜的大概念，时时把心气儿提起来，别放任自己走下坡路就可以了。

“骨感美人”的兴起也是最近几十年的事情，最早的代表人物正是奥黛丽·赫本，而在她之前，好莱坞美女的代言人清一色是像玛丽莲·梦露那样丰满的性感尤物。其实赫本一生对自己的身材并不是十分满意，但由于少女时代正值第二次世界大战，长期食物匮乏导致的营养不良造成了她纤细苗条但有些扁平的身材。

令赫本自己意想不到的是，她不自觉地引领了一股潮流，曾经让她自卑的身材变成了国际流行的标准，没有最瘦，只有更瘦，多少女人为了变成“骨感美女”而奋斗，甚至有人为此患上厌食症而命丧黄泉。而像梦露那样的丰满女子，却被众多的美容商、内衣商贴上肥胖的标签，遭到众人的歧视，除了减肥再无别的选择。就连一向严谨的医生们也为减肥运动摇旗呐喊，提出了“肥胖是病”的论点，其实很多人离肥胖的标准还很远。

减肥能让人变得更自信，可是有自信的人却不一定要减肥。聪明女人心里应该清楚，好身材固然重要，但是健康快乐的生活更重要。鱼与熊掌不可兼得，身体不求多么苗条，只要健康就好；生活不求多么完美，只要舒服就好。

我们学习赫本，做像奥黛丽·赫本那样的女人，但是请注意学习不是复制，每个女人都是独一无二的，没有可能也没有必要让自己变成另外一个人，不管你对她是多么心仪。而且即使是奥黛丽·赫本，也不总是那么清醒与节制，她也有小女孩般娇纵可爱的一面。

《人物》杂志向我们揭示了一个鲜为人知的内幕：“奥黛丽·赫本每天都会抽一支健牌香烟，喝两杯珍宝威士忌。”

赫本有句著名的台词，就是在某个夜晚，她问道：“如果我喝一小杯威士忌不会有人生气吧？我知道现在已经凌晨，可能在世界的某个地方是六点钟。”谁能拒绝她呢？可能这就是为什么街头鼠党把她称为“公主”的原因。

伊丽莎白·泰勒说：“对于那些完美无瑕的人来说，你可以肯定她有一些不那么完美的小毛病。”知赫本者泰勒也，难怪她们是非常要好的朋友。赫本自己也曾说：“对于食物、身材或其他方面你必须尽可能地从容一些，否则就会成为这些习惯的奴隶。也许你会拥有靓丽的皮肤，却可能变得像个麻木的机器人。”

我们可以这么想，即使瘦身战略不成功，也没什么大不了，女人的身材丰满一点，珠圆玉润，不也挺可爱吗？只要不是医学观点上的肥胖，不影响身体健康，只当减肥是一项选修课好了，做得好，心情舒畅，做得不够优秀，也无关大局。

聪明的女人从来不会让减肥影响自己的生活质量，在最重视外貌的好莱坞，就有数位坚持不减肥的聪明美女。

德鲁·巴里摩尔是好莱坞的宠儿，她丰润甚至臃肿，黑色内衣勾勒出旁边的赘肉，但她毫不在乎，叼着烟，闭着眼，雪白滑嫩的腿斜斜地搭着，在一片清瘦骨感的美女当中那么别具一格、与众不同。有精力就放到拍电影上，甚至还乐呵呵地自己当起了导演。不得不承认，她真漂亮，而且心灵更富有。

凯瑟琳，也是妈妈级别的演员，自然胖自然瘦，在镁光灯下举手投足永远是那么雍容华贵、颠倒众生。

还有曾经赚足很多人眼泪的《泰坦尼克号》的女主角凯特·温丝莱特，也不减肥，却一直吸引着男人的视线和口水。

即使你真有减肥需要时，也要这么算账，任何食物都有热量的，但如果这种食物的营养和热量的比值较高的话，就是值得吃的。因为吃得少一点，就能得到人体基本的营养，算下来热量还是少的。

还有就是不委屈舌头。舌头是我们人体最贪婪的器官之一。一个整天吃水煮芹菜的人，哪怕他的胃饱饱的，心理上还是感觉饥饿，因为他的味觉在索取。还有人吃苹果餐、酸奶餐。吃第一只苹果时，那是美味，连续吃10只苹果时，就味同嚼蜡了吧。当你连续吃50只苹果时，肯定觉得它比水煮芹菜还难吃。因此，吃这类代餐是最容易导致暴食的行为之一。

有效的减肥方法包括正确的减肥态度，所以不要看轻自己。你可能会讨厌自己发胖的身体，不明白为何当初会放纵食欲，但负面思想对于保持窈窕只会有害无益。

自责不但耗损精力，也容易导致情绪低落。不妨参考以下6个妙法，有助于女性更正确、更积极地去开展自己的窈窕大计。

多喝开水。水不但有助于排出体内污物，喝后也可令人有饱肚的感觉。

餐前不让自己挨饿，不然会弄巧成拙。让肚子在一天内空空如也并不会达到纤瘦效果，只会令你更疯狂地吃喝。定时的饮食习惯才最为重要。

在冰箱内放置健康食品。不妨多放生果蔬菜，方便做沙拉吃。

外出吃饭前先决定自己想吃什么，可免除吃饭时的三心二意。

在冰箱上贴上自己最难看的照片来警醒自己。

长胖需时，减肥亦然。请给自己多一点儿时间。

第五章

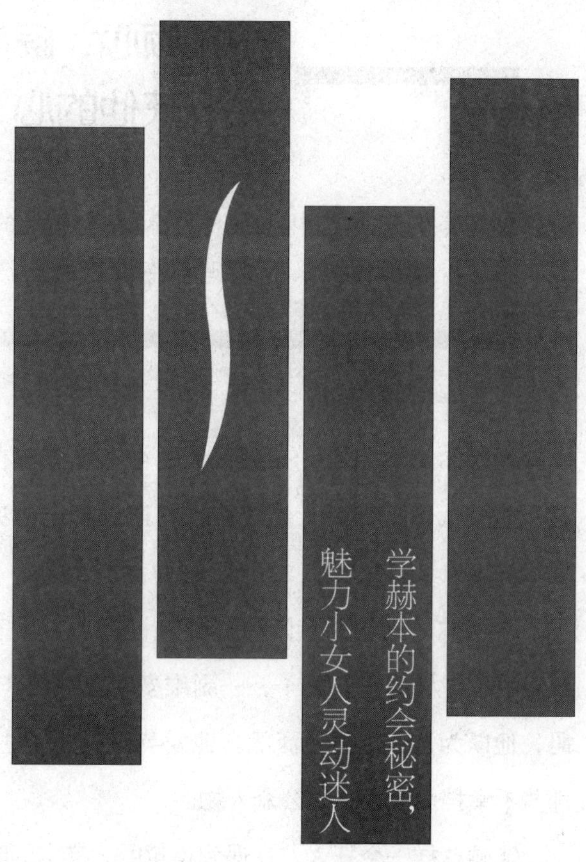

我对赫本的钟情经历了4次婚姻都没有改变——两次她的，两次我自己的。

——导演斯坦利·唐南

一见倾心，瞬间捕获他的心

美貌只是其中的一种因素，每个人的潜意识里都有一个爱情密码锁，只有密码相符，爱的大门才能应声打开。

不管你相不相信，一见钟情的神话每天都在平淡生活中接连不断地上演。有一些女人似乎拥有天然的魔力，邂逅相逢的男人就像铁屑遇到磁铁一样被她吸引。

塞西尔·比顿是英国摄影师、设计师、作家和艺术家。比顿是毕业于英国旧式贵族学校的花花公子，一副维多利亚时代公子哥的派头，他的西装总是小一码，他以为这样显得更潇洒。他爱英国王室胜过一切，并且极尽讽刺之能地挖苦那些不幸挡住他去路的公众人物。

比顿这样一个狂人，在遇到奥黛丽·赫本的时候，一切都改变了。

1948年后，赫本和她的母亲搬到伦敦，为了让赫本寻求到更多的做芭蕾舞演员的机会。比顿是在一次派对上遇到赫本的，他目不转睛地盯着她看，生怕漏掉一丁点关于赫本的细节。著名波普画家安迪·沃霍尔打趣说：“就是赫本身上的一颗小别针，他都看得见。”

赫本的出现，“是一种全新的美，”比顿评价说，“大嘴巴，蒙古人那种扁平的相貌特征，浓粗眉，椰子式的发型，长长的没有修饰过的指甲，柔软修长

的体形，长长的脖子……”伴随着这一切的，还有赫本的美德，比顿说：“奥黛丽·赫本将会在无数电影上大获成功，还有那些随之而来的金钱，可是这一切好像并没有对她造成什么影响，她将铺天盖地的赞美之词视为一种鼓励，并没有自信心爆棚。她的生活照样很简单、很朴素：没有女佣人替她打点衣物，也没有门童替她迎接客人……”

比顿发现自己完完全全被赫本吸引住了，“在闪光灯下，我发现赫本充满了小妖精似的灵气，而且她有一颗柔弱的心，强烈的同情心。她一下子就能跟人成为朋友，似乎一点都不费劲，这很难解释。总之，我们很喜欢对方”。

有些女人走到哪里都是异性注意的焦点，她们身上似乎有一种特殊的物质让男人情不自禁地想亲近她、拥有她。

美貌只是其中的一种因素，每个人的潜意识里都有一个爱情密码锁，只有密码相符，爱的大门才能应声打开。生活中，我们常常可以看到这样一种类型的女人，她们是被众人公认的贤妻良母般的好女人，然而她们身边的男人似乎身在福中不知福，要么是离开她另觅新欢，要么就是有一搭没一搭地谈着平淡的恋爱。

这些贤惠的女子，为什么吸引力竟然如此之差呢？

是的，她们安分守己、吃苦耐劳、温顺体贴，然而糟糕的就是她做错了一件事——她在男人眼中，不再是一个女人，也不存有一点女性的激情和娇媚。

这样的女人未老先衰，从来不曾拥有花朵一般鲜亮的颜色，而那些富有魅力的女性却从来都是热情洋溢的，时时都给人一种新鲜的刺激。

美国上一任国务卿赖斯生于1954年，她活跃在政坛的时候早已经不是年轻的小姑娘了，但她一向给人一种活力四射的感觉，连外号都够酷——“好斗的公主”。

在外交领域，赖斯长袖善舞，足智多谋。她是布什的“导师”和“秘密武器”，美国很多对外政策出自她的“锦囊”。尽管如此，赖斯依然保留着鲜明的女性化特点，她是美国政坛的女明星，其感情生活也一直是人们热衷的话题。赖斯48岁的时候，被媒体报道与一位高大威猛的男士出双入对，这位男士就是著名美式橄榄球运动员吉恩·华盛顿，他现在的身份是美式足球联盟的高级管理人员。

据称，华盛顿和赖斯是在斯坦福大学时的旧相识，当时赖斯是政治学教授兼教务长，而华盛顿是体育事务专员。两人一见如故，多年来一直保持联系，还时不时地一同参加社交活动。在采访中，华盛顿在字里行间透露出对赖斯的欣赏："我们是多年的好朋友，彼此相处很愉快。她和我在一起很放松，我们彼此十分了解。赖斯逻辑清晰，条理分明，处事果敢，她给每一个人都留下了深刻的印象。"

在华盛顿眼中，赖斯还是个完美主义者，"有时她会问我：'我的头发可以吗？'我会说：'有一小根没梳好，不过没人会注意。'"

像赖斯这样既有政治家风范，又有女性情趣的女人，有几个护花使者并不奇怪，比起那些虽然年轻却像白开水一样淡而无味的女性，赖斯自有她独特的吸引力。

女性的吸引力并非只是一个模糊的概念，其实在男士们的心目中，性感可以是一幅幅生动的画面。

男人们这样形容让他们一见钟情的女人：

"在大学时，有个女同学经常穿着非常短的短裤。可是值得赞赏的并不只是她的美腿，而是那份自信，十分吸引人，她非常活跃，常在班上谈及自己的理想。"

"一个能笑、能享受的女人非常性感。我知道她一定可以投入生活，因为她享受人生。冷漠的女人很闷，而且她们整天地摆款。"

"我最爱运动型女性。以前有位女同事邀请我去跑步，她的淋漓香汗，性感异常。在晒太阳或运动后，女性的天然体味实在非常诱人，非常原始。"

“我对懂得照顾自己的女性特别有好感，她修眉、做头发，很女性化的打扮修饰。假如她肯花时间溺爱自己，那么她也会溺爱我啊！”

“有一次，我在地铁内看到一位穿着花裙子的女子，双腿交叠，俯首看书。她不是很耀眼，只是很专注于书本，一直在垂首阅读。我禁不住对她凝视，她的专注深深吸引着我。我觉得她不但聪明，而且更是一位细心的伴侣。”

男人对女性的要求非常耐人寻味，明达的人早就有总结。当他们和一个风尘女人在一起时，希望她温婉娴雅，像一个良家女子；当他们和一个良家女子在一起的时候，又希望在她身上看到荡妇的风尘味道。在男人的潜意识里，无不渴望女人给自己带来一种完全不同的新鲜感觉。女人的风情，女人的性感，全在这种不经意中流露。

带着热忱赴约，享受约会的过程

赫本对爱情的认识是：我需要很多的爱，爱与被爱，真正的爱。我全身心地投入，剩下的就靠天定。

每个女孩长大之后，都有权利为自己选择生活，对或者错都不要紧，只要你在青春年华享受了青春，就没有什么可遗憾的了。

奥黛丽·赫本从来就不是一个“圣女”——其实这也正是人们如此迷恋她的原因之一，赫本的情史和她的人一样丰富多彩。在24岁之前，她就和英国的富商詹姆斯·汉森订过婚（也终止于订婚），在要不要和梅尔·费勒结婚这件事上犹豫不决，曾经疯狂地爱上好莱坞的坏男孩威廉·霍尔登，偶尔和来自马萨诸塞州的参议员约翰·F.肯尼迪约会。

赫本跟所有女孩子一样，以极大的热忱投入私人生活。星期六晚上，她会坐在电话机旁边等某人的电话。她试穿晚礼服的时候，会问身边的人："这裙子是不是显得我很胖？"她和普通的陷入恋爱中的少女没什么两样。

对于赫本来说，爱是很重要的一件事。《服饰与美容》（*Vogue*）杂志采访她时，她说："是什么使得两个人快乐？就像指纹一样，每个人对快乐的理解都不一样。对我而言，我需要很多的爱，爱与被爱，真正的爱。我全身心地投入，剩下的就靠天定。"

虽然赫本首先是以个人魅力而闻名，但是显然这个短短的词不足以表达一个人复杂的深度。赫本是一个脆弱和力量的结合体。或许正是这一点，激起了我们对她持久的兴趣。和其他很多有创造力的人一样，赫本有一种强烈的情感需要，使得她不管不顾地投身其中。

赫本说："我要花很多时间（在梳妆打扮上），洗个舒舒服服的澡，化妆，选裙子。然后去了派对。晚上我到盥洗室里，对着镜子里的自己说：'我的天啊，这是我整晚见到的我最喜欢的样子。'偶尔我也去夜店跳跳舞，如果那里有人是你想和他共度愉快时光的，也非常有趣。"

赫本式浪漫世界是充实快乐的，请睁大眼睛——你不知道接下来会发生什么意想不到的事情。

保持对生活的热情，让热情成为你独特的气场。不要怀疑自己不美丽，自信就是女人的魅力。自信不像容貌是天生造就的，而是后天培养出来的，是在孜孜不倦地追求人生、生命的最高质量和境界中用内在的灵感和魅力去拥抱和欣赏生活自然形成的。不论在什么场合，能谈笑风生，落落大方，衣着得体，举止恰到好处，就定能在众多美女中脱颖而出，成为人们眼里的一道风景线。

在女性生活中，热忱不仅仅要用在相互“来电”的异性身上，过去那种男女授受不亲的时代已经过去了，现在经常看到社交场合中男女握手为友，彼此平等交往，共谋大业，展现了开放时代的开放精神。

性别，的确是男女交往中的一条鸿沟。一个男人和一个女人交往时，性的潜在可能是经常存在的，但这并非不可避免、必然发生的现象。聪明的女人明白，一个男人不一定非得做了你的“情人”，才能成为你“最好的朋友”。

女人与异性交往的最佳分寸，是既不泯灭性别特征，又不给人以误会，引起不必要的麻烦。在这个大前提下，在适当的时候展现一下作为一个“小女人”温柔的小手腕也无可厚非。

在社交场合，男性常常表现得举止潇洒、气度不凡，以此来唤起女性的好感。女性所表现的美丽脱俗、温柔热情，也会给男性留下非常好的印象，让男人从内心深处愿意为自己效劳，甚至将帮助自己视为一种荣幸。

在女性面前，男人的情绪很容易被调动起来。每一个女人都具有天生的女性魅力，只要刻意发挥它，就能让异性被你吸引，也能让同性对你表示友善。随着时代改变，现代女性不但不应该扮演冰山美人，板着脸孔，反而应该善用与生俱来的女性魅力与男性和平相处，和谐的氛围再加上本身的实力，会使你的人生之路平顺得多。

是的，女性要坚强独立，不要轻易交出命运的主动权。但是这和你在生活中保持女性的性别特征没有关系，女人处世的最高境界是“百炼钢成绕指柔”，以充满温馨的个性魅力面对外部环境的冷淡与坚硬。

轻松交谈，避免冷场和尴尬

有许多美丽脱俗的女人在感情的战争中却常常是失败者，原因是她们缺少了一股人间的烟火气，男人在她们身旁找不到愉快的感觉，所以他们选择了逃离。

英国著名作家、短篇小说大师曼斯菲尔曾经说过："疯狂或死板严肃都是不对的，两者都嫌过度。一个人必须永远保持幽默感。"一个优秀的男人，一定是个懂得幽默的男人，那么女人呢，一个聪明的女人一样需要保持轻松愉快的情绪，微笑着面对这个世界。

就在我们身边，许多女孩们变得越来越忙碌，工作、职位、房子、爱情，各种压力一轮接一轮，使得她们心浮气躁，几乎忘了如何放松自己享受爱情。这个时候，就需要给自己一点平衡，让自己快活一下，充分享受人生的乐趣，重拾信心，也给身边的人以快乐。

但凡真正能够征服优秀男人的女人莫不一脸的纯真快乐，一点心机都藏在了心灵的最里层，你看不到她征服的欲望，只看到了她傻傻的可爱，即便极品男人也纷纷落马在她的脚下。

中国观众熟悉奥黛丽·赫本是从《罗马假日》开始，这是她的成名作，也是她的代表作，对她有着特殊的意义。

就在赫本被挑选为《琪琪》一戏的主角时，在伦敦，挑选《罗马假日》中公主的扮演者的工作正在进行。

赫本本无心去参加女主角的角逐，一来她已决定演《琪琪》，二来《琪琪》一拍完她就准备结婚，成家立业过日子。

所以她对《罗马假日》毫无兴趣。后来母亲一再劝说，没办法，她才不得不去敷衍一下，即使选不上，她也满不在乎。

测试选用的一组戏是公主穿着睡衣，在一张大床上做仰卧起坐。赫本柔软得像只小猫，将双臂伸向装饰美丽的天花板。

在此之后，她又极其自然地、孩子气地完成了一系列规定情节，当她做这些动作时，一架摄影机正悄悄地对着她拍摄，而她全然不知。

无论从现场还是从胶片上看，效果都是理想的。她当选为公主的扮演者，和派拉蒙公司签订了合同。

正是通过《罗马假日》，赫本认识了全美国人的偶像格里高利·派克，派克后来成为赫本终生的护花使者。派克说："奥黛丽品性善良，没有丝毫恶念和狭隘，这就是她的性格，也是人们愿意亲近她的原因。她没有演艺圈中惯有的卑鄙伎俩、贪婪吝啬或搬弄是非。我非常喜欢她，事实上，是爱她。你很容易就能爱上她。"

奥黛丽·赫本是美的化身，但她完全不同于那些矫揉造作的美女，更重要的是，她拥有一种让人亲近的气质。不要小看这种亲和力，它所带来的影响比我们想象中还要大得多。

在这个千变万化的世界，什么事都可能发生，包括出身寒微、在夜总会做过女招待、身边还带着个4岁孩子的单亲妈妈卡米拉，最后能够走进英国王室的大门，成为继戴安娜之后的下一任王妃。

在世人的眼中，无论从哪一方面来看，这两个人都不是一个重量级的对手。戴安娜，这朵英格兰的玫瑰，20世纪最富有魅力的女人之一，她年轻、美丽、高贵、大方，几乎在任何她出现的地方公众会被她举世无双的风采所倾倒。可以说，在很多年里，戴安娜这个名字就是完美的象征。反过来再看看卡米拉，她的容貌和美丽连边都沾不上，当戴安娜如同一朵鲜花一样绽放在世人面前时，卡米拉已经是年华老去，步入中年了。但就是这个看起来毫不起眼的女人打败了人们心目中的女神戴安娜，让世纪童话婚姻的幻象彻底粉碎。这一切，卡米拉究竟是怎样做到的呢？

尽管查尔斯处世一向谨小慎微，轻易不使自己陷入情感纠缠，但作为“世界上最有条件的钻石王老五”，他的名字没少与绯闻扯上关系，在戴安娜之前，他曾先后与三任女友正式论及婚嫁。

相比较而言，戴安娜稚嫩得几乎可以做他女儿，这个刚刚跨出校门的小女生从未倾心任何别的男人，感情的经历一片空白，是个根本还没长大成人的孩子。

卡米拉则不同，当她第一次与查尔斯见面的时候，就已经是个成熟的女人了，她懂得应该如何去对待这个虽然无比尊贵却满脸愁容的年轻人，她知道他最需要的是什么。她似乎从不把王子的身份地位放在心上，她主动与他交谈，一言一行都极为自然，从不做作，从不矫饰。在她的面前，查尔斯得到了他长期以来梦寐以求的东西，他终于能够彻底地放松自己，不必再受任何外在事物的困扰了。正是这一点使得卡米拉一下子就走进了王子的心里，成为他“在这个偌大世界上最好的朋友”。同样吸引查尔斯的还有卡米拉那独特的幽默感。她很爱开玩笑，无论什么事、什么话题，只要经她的口中说出，立刻就会引来阵阵欢笑。事实上，在他们相识的第一天，卡米拉就能使查尔斯仰头开怀大笑，并且以后一直如此。而这对于在孤独与忧郁中长大，身上又背负了太多责任的查尔斯来说，无疑是非常重要的。

我们都喜欢戴安娜，同情戴安娜，但无可否认的是像卡米拉那样的女人更容易抓住男人的心。查尔斯王子与这两个女人的纠葛很有代表性，在我们周围类似的故事也随处可见。有许多美丽脱俗的女人在感情的战争中却常常是失败者，原因是她们美则美矣，却缺少了一股人间的烟火气，男人在她们身旁找不到温暖愉快的感觉，所以他们选择了逃离。

心理学家指出："男人内心最迫切的需要是克服他的孤独感。由此男人特别爱恋能够理解并接受他生活的女性。"如果你是美女，不要掉以轻心，更不要因此就清高傲慢，男人最喜欢也最需要的是那种有温度的女人。如果你对自己的容貌不够自信，也不要因此而灰心，性情之美会让你双眼闪亮，一样有足够的吸引力。

闪动你的双眸，让男人为你所吸引

在男女情爱中，最普遍的真理是男人的动物性强一些，女人的植物性强一些，蝶恋花是正道，花追蝴蝶，就有点力不从心了。

女人的眼光，说到底便是给自己的定位，是在人前呈现出的姿态。女人最忌讳的是做成路边的野花。迎风点头笑，谁都好伸手摘得。这是自行贬价，再美也是枉然。对男人，一旦抱着"因为你喜欢我，我便感激不尽"的心态开始了第一场约会，把自己降格为一朵野花，除了招蜂引蝶，不会有更好的作为。

要做一朵高贵的玫瑰，首先要有玫瑰的作风。

奥黛丽·赫本是完全当得起"崇拜者如云"这一形容的，但是请注意，她的崇拜者都是自觉自愿拜倒在她的裙下的。赫本曾说："任何女人都不需要向男人暗送秋波，这样只会让他们望而却步。事实上，只要你稍微颤动睫毛就足够了。"

在男女情爱中，最普遍的真理是男人的动物性强一些，女人的植物性强一些，蝶恋花是正道，花追蝴蝶，就有点力不从心了。男人的动物性表现在他们更喜欢通过追逐和进攻获取自己的猎物，如果直接把食物送到他们嘴边，他们感觉会不爽，也就谈不上多么珍惜了。

美国影片《偷心》里有一个情节，女主角问男主角他为什么疯狂地爱着另一个女子，"是因为她成功了吗？"男主角回答说："不，是因为她不需要我。"

男人就是这样，你越高高在上，他就越顶礼膜拜，你越不冷不热，他越知难而上，你越神秘，他越好奇，你越被动，他越主动，真要有一天，你在他面前一览无余了（无论是肉体还是精神），他反倒摆出一副大功告成的样子，准备鸣金收兵了。所以，女人在任何时候都不能让男人对你太有把握。

20世纪40年代，在获得《服饰与美容》杂志举办的以全国女大学生为对象的表演大会第一名后，杰奎琳以令人羡慕的优异成绩从大学毕业了。

不久之后，杰奎琳通过工作关系认识了比自己大12岁的约翰·肯尼迪，从家世到性格，肯尼迪对女人都有着致命的吸引力，可以说是王子中的王子。

但是认识肯尼迪以后，杰奎琳对肯尼迪却显得漠不关心，甚至有些冷淡。她十分巧妙而又有意识地和他保持距离。对肯尼迪来说，像杰奎琳这样的女人还是第一次遇到，这个女子引起了他的兴趣。

杰奎琳从来不太打扮自己，与那些在发型、化妆和服装方面恨不得把自己打扮成芭比娃娃的其他女人相比，杰奎琳显得清新而质朴。她到底是一个什么样的女人？肯尼迪在不知不觉中被她吸引住了。

每天杰奎琳在肯尼迪的办公室里上班，独自完成难度极高的资料编辑，而且还翻译了肯尼迪需要的各种外文书籍，并主动处理了运营办公室所面临的各种复杂事情。同时，她还亲自替肯尼迪为他的客人准备午餐。不管肯尼迪到哪儿，她都拎着他的文件包紧随其后。每当有政治性晚餐时，她都会与肯尼迪一同前往。

但是，她屡屡拒绝肯尼迪的约会，并且还与一些条件不亚于肯尼迪、既有名气又很富有的英俊男人交往，故意将自己在这些男人中间的场面展示给肯尼迪看。

敢采用这种方式玩弄肯尼迪的，这个世界上还没有第二个人。杰奎琳越是耍弄他，肯尼迪就越想抓住她。让当时美国最优秀的男人肯尼迪成为自己丈夫的那天晚上，杰奎琳在日记中写道："我终于将参议院最有希望的男人掌握在自己手中。"

西方男人如此，对于中国的男人来说，他们更喜欢含蓄内向型的女性。开放型的女子虽然可以朋友遍天下，但在绝大多数男性心中，她们容易走近却不容易走进，只可为友却不可为妻。所以当你对某个男人热情似火时，首先要有这样一个心理准备："女追男隔层纸"，他可能无法拒绝你的诱惑，但这不代表他从此会为你停留。如果你不介意在他的生命只做一段插曲，那么你可以选择主动接近他，谈一场快速的恋爱。如果你想做主角，想得到长久的爱情，那么还是矜持一点为妙。

别担心这样会使你错过好男人。假如他是你的同学、朋友或者同事，那么你们的缘分长着呢，何必急于一时。即使是一个漂亮的女子，如果在一个男人眼里缺乏自持的话，她也会变得很丑。相反，即使你外表不是很出众，你有礼有节的风度和自信的态度会让他相信你是一个魅力四射的女子。最聪明的做法是以其他名正言顺的理由接近他，让他发现你的优点，然后你可以稍稍拉开你们之间的距离，吊足他的胃口，唤醒他进攻的欲望。假如你和他只是在咖啡厅、酒吧或其他一些公共场所偶遇，主动搭讪更是不够明智。在你还不了解他的性情和背景的情况下，主动就是冒失，更重要的是在这种场合结识的女人很难得到他的珍惜。天下之大，好男人多去了，你只当风景看看罢了，不值得飞蛾扑火似的给自己找罪受。

女人可以主动去爱，但永远别太主动“示爱”，即使你们之间的一切机会都是你在暗暗推动，至少在表面上也让他感觉自己是一个进攻者。

留有小神秘，让男人更爱你

完全没有隐私的女人，会让男人失去探索的欲望。不要向男人袒露你的一切，不管是你的身体，还是你的隐私。

人与人之间的社会交往不可能是完全透明的，人们大都需要以拒绝、限制、保持距离、制造神秘的方式来维护身份。当人们摸不清你的心思，掌握不了你的动向时，你的吸引力反而飞速提升。

这条法则在男女之间同样适用。

鲍勃·威洛比浸淫片场30年，他曾经仔细观察过赫本，“好莱坞是一个八卦流言满天飞，背后暗枪冷箭难防的是非之地！好莱坞的人总是肆意抨击对方，赫本从来没这样做过。我从来没听过也没见过这样的事。这只有一个解释：赫本自己需要得到尊敬。”

赫本的内心世界还有需要可以挖掘的，这就是人们常常称作的“欧洲式的神秘感”。这一点你可以通过观察她的外表感受到。赫本有一种非常酷的内在世界——你只是很难深入她的内心。赫本引起了美国人的极大兴趣，因为美国人倾向于将什么都显露在外面，一直以来都是这样。

鲍勃·威洛比说：“赫本是个双面性格的人，你一方面觉得她是你最好的朋友，但同时你又觉得有距离。通常说来，有一些男演员拍戏的时候坐下来酝酿情绪，那么全体工作人员都会坐下来叽叽呱呱地闲聊——在赫本拍戏的时候我从来没看见这样的情况。工作人员非常尊敬地让她一个人待着。”

斯坦利·多南是赫本三部电影《甜姐儿》《谜中谜》《俪人行》的导演。他非常了解赫本，他也是同样的感受：“赫本不停地打磨她的性格，直到一点缺点都没有。但是又会有其他的缺点隐藏在她的性格里。她用尽各种办法来阻止我们变得更亲密，我是那么想走进她的内心，但是在她和我们之间总隔着过不去的藩篱。总有一些事抑制了我想走进她的愿望。越无法走进，我越发想走进。”

赫本身边的人都说无法完全了解她，同时，赫本的吸引力也越来越强烈。

事实上，完全没有隐私的女人会让男人失去探索的欲望。不要向男人袒露你的一切，不管是你的身体，还是你的隐私。

在恋爱中，女人容易犯的一个错误就是以为男人都是视觉动物，只要在穿衣打扮上让对方“性”致勃勃，一切就OK了。殊不知，男人是喜欢性感女人，但这个性感是有特定含义的，一般来讲，是指两人相熟之后在私密领域展露的性感，而不是无时无刻不分场合的春光乍泄。

男人是喜欢性感女人，但绝大多数优秀男人却无法容忍心爱的女人总是穿得太暴露、太前卫，尤其在恋爱初期，因为那充满了大众情人的味道。当一个女人初次约会就穿着低胸装或迷你裙时，男人一开始也许会心潮澎湃，但很快就脑筋急转弯——她会不会是个情场老手？她究竟有过多少男人？也许他会跟你一夜风流，但绝不会跟你一生一世。

性感女星莎朗·斯通提醒女人们："什么都不穿，一览无余，反而没有想象空间，不见得真性感，若隐若现效果最好。打开上衣扣子的穿法，令人血脉扩张，立刻性感。"得宜的衣饰比完全的赤裸更具吸引力。浪漫的蕾丝，轻柔的雪纺，含蓄素雅的棉布，都可以完美地诠释女人的独特气质。偶尔可以在身上搭配一两件配饰，温润的珍珠，色彩艳丽的玉，都能为女人的风情加分不少。

如何向现在的爱人交代过去的性爱关系，也是个历史悠久且备受争议的话题。有些女性表示，受到被迫吐实的压力愈来愈大，其实她们是感到有道德义务向伴侣招供所有的过去，想以此获得他的信任，用以表白自己对他爱的程度，可事实并非如此，你过去的恋爱史可能因此而成为他心中的芥蒂。

守口如瓶并非隐藏过去，而是拒绝沉溺于过去和以别人的标准被下判断，并拒绝让面前的男人评判昔日的选择。讳言过去并非不友善，而是避免人生陷入无聊的比赛和嫉妒之中。

事实上，他从别处知道或猜想你从前有别的男友是一回事，亲耳听到你告诉他又是另外一回事。可见承认过去的恋爱史是既不理性也不明智的。在恳求爱人泰然接纳你的过去，尤其是那些连自己都无法面对的回忆之前，必须先花好几年的时间来建立稳固的信赖和承诺，即使如此，你也无须巨细无遗地告诉他一切，以免让你的过去成为目前关系的阴影。

再想一想，闲谈时涉及旧男友，你将如何评价他呢？一是说过去的男友不错，二是说他一塌糊涂，而任何一种答案，都会令丈夫不快。你要说过去的男友不错，他会想："既然如此，你有没有可能旧情复燃，背叛现在的家庭？"如果你说过去的男友一无是处，他会想："是不是全是他的错？她是不得已才嫁给我的吗？"与其惹起这一连串的麻烦，不如当初就淡然应对好了。

爱人之间坦诚相对，不等于就要失去自我，要知道，你的过去和他一点儿关系都没有。当你在他面前如一个一览无余的透明人一样时，吸引力也就降至如一碗白开水了。

矜持和羞涩让女人更动人

男人如果看到自己的挑逗或者俏皮激不起女人的任何反应，他自己就会感到索然无味，下次只跟她说“正经话”了。

羞涩是人类最天然、最纯真的感情现象，它是一种感到不好意思的心理活动，往往伴随着甜蜜的惊慌、异常的心跳，女人羞涩是一种美，是一种特有的魅力。“犹抱琵琶半遮面”“插柳不让春知道”的神韵尤能刺激人丰富的想象力，甚至使人着魔入迷，如醉如痴。同时它闪耀着谦卑的光辉，是一种道德和审美的反射，“唤醒两性关系中的精神因素，从而减弱了纯粹的生理作用”，促进两性关系日臻高尚、完美。动人的表情，迷人的色彩，优雅的举止，朦胧的神韵，温柔的蕴藉，女人的羞涩竟具有如此大的神奇魅力和功能！

20世纪50年代，两个同样羞涩但又具有艺术气质的青年男女相遇了，并且由此开始他们奇妙的终生友谊。他们就是天才时装设计大师纪梵希和天才影星奥黛丽·赫本。

1929年5月4日的比利时，一个小女孩儿诞生了。她原本应在一个英国贵族家庭中长大。可是由于战争，她不得不在荷兰度过童年，因而她对恐惧、战乱和贫困并不陌生。她的母亲严肃而简朴，她的父亲在她10岁时就离开了家。小奥黛丽·赫本渴望着被爱，渴望着倾吐她的感受，她永远也无法忘记那段岁月。当和平再次来临，赫本回到了伦敦。

幼时的奥黛丽·赫本的梦想是成为舞蹈家。通过舞蹈，她表达着自我，舞蹈令她忘却战时的岁月。可是，她身高过高，又太瘦，没人相信她能成为职业舞者。但她一直保持着舞者柔软的体形。她羞怯而又沉默，工作努力，力求完美。

此时，纪梵希已经是广受推崇的时装设计大师，美国的《服饰与美容》杂志就评论说："纪梵希眼中的女人优美精致。"

赫本第一次走进纪梵希的工作室试装时，她刚刚出道，冰清玉洁、朴实无华，就像布鲁塞尔一样，集最古老的神秘、时代的观念于一身，她的举止总带有一种沉静的贵族气派。

由这一天开始，他和她相识相知了一生，是纪梵希在多部电影和现实中创造了赫本永恒的优雅形象，使得赫本成为迄今为止最美丽优雅女人的典范。而纪梵希的时装和时尚也因为赫本的演绎而具有了永恒的魅力。

在一张老照片上，纪梵希和赫本随意地走在阳光下，这时他们都已经进入被岁月洗练出高贵的中年，这位和赫本有着40多年交往和友谊、在国际时装界有着永恒魅力的男人，此刻是如此安静、宽容、怜爱地走在他一生所钟爱的女人身旁。赫本正轻轻地向他诉说着什么……

赫本年轻时是个羞怯的带有一点点不安全感的女子，这样的女人最容易激起男人深厚的感情。

羞涩是一种优良的品质。羞涩的女人庄重自持，含蓄委婉，温情脉脉，娇媚多情。充满激情的女人固然为男人所喜爱，而温柔贤淑的女子更让男人所心动。"欲走还休，却把青梅嗅"，女性的迷离朦胧之美袒露无遗。羞涩，发生于无意之间，没有忸怩造作之嫌，是真情的流露，可贵至极。

羞涩的女人是富有思想的女人。处处都透出高贵清雅的气质，她深厚的文化素养，悠远的情致，善良和纯洁，她自尊自爱，有较强的自知感，她善于自我克制，拒绝诱惑，不乱讲是非。

羞涩是人类最纯真的感情外露的现象，羞涩是女人美的化身。羞涩的女人仿佛一朵含苞待放的花蕾，惹人疼惜，惹人怜爱。

羞涩如此美丽，但令人惋惜的是现在那种经常会脸上泛起红云的羞涩女子越来越罕见了。

当芙蓉姐姐、伪娘、凤姐之流撞击着我们的眼球的时候，不一样的审美观也在挑战着人们的价值观，这种炒作的“美丽”可以存在多久？

有人说过，当无耻成为一种时髦的时候，我们才感到羞涩像古典主义一样可贵。当女人丢失了羞涩，也就失去了真正的美的特质。一些男性认为：“现今的女人不但脸皮厚并且傲气凌人，一点也没有女人的韵味。”不知道女同胞们听到这样的评论会有怎样的感受。要知道，虽然时代开放，但是女人毕竟是女人。平心而论，有两位女性，一位害羞答答，楚楚可人；一位豪情奔放，不知羞臊。如果你是男人，会挑选哪一位呢？

有些女人曾经也是一朵温柔的娇花，但是经历了岁月的风雨之后，慢慢变得粗陋起来，完全失去了当初小女人的味道。她们无论面临什么样的情形，是让人羞赧的还是尴尬的，统统面不改色心不跳。男人偶尔说句动情的话，本是应该像林妹妹一样转身低头“啐”一口的，现在却漫不经心，左耳听右耳就冒了。对于男人来说，如果看到挑逗或者俏皮激不起女人的任何反应，他自己就会感到索然无味，下次只跟她说“正经话”了。

女人的羞涩好似花丛中的含羞草，看似平淡无奇却异常坚韧。女人的羞涩使女人不施粉黛而妩媚，不着彩衣而妖娆。羞涩的女人永远备受男人的钟爱和呵护，羞涩之美留给人的美感是如此的难以抗拒！“最是那一低头的温柔，像一朵水莲花不胜凉风的娇羞。”女性的娇羞之美在徐志摩的文字中给出了一种极致的描绘。或许，羞涩才能最生动地体现女人之所以为女人的本色。

单身时努力做个“好女孩”

淑女的身份，并非是弃之可惜、食之无味的鸡肋，起点比较高的女孩，要懂得珍惜自己的福分。

在寻找自己感情归宿的时候，一般的规律是女性更注重男人的实力，男性更注重女人的外貌。然而，年轻的女孩必须明白，男人们这一点自然倾向并不代表他们都是只重感官而毫无大脑的动物，不管在什么时候，一见到靓女就忘记了东西南北。

是的，在街头酒吧等场所，男人们爱和外表惹眼的女性搭讪，但是这不表示他们在经过周详的考虑要为自己寻找一个固定的伴侣时，也以赏心悦目作为第一选择。

出生于1977年的美国著名歌手约翰·梅尔说过：“每个男人都想要彼此信任的女人和感情。我在寻找理想中的精神伴侣，那个人能在爱情没有来到的时候就有足够的信心去爱。很多时候我都觉得自己行走在为了还没有建立的家庭努力的路上。我其实并不需要走那么远，但为了未来的家庭，我愿意。”

和女性一样，男人同样注重对方内在素质和精神的沟通，明白了他们的心思，你还只甘心做个有胸无大脑的花瓶式美人儿吗？

另外，也不是所有的美女都缺乏自律，最起码我们要学习的奥黛丽·赫本不是这样。

赫本在主演《萨布丽娜》时，和她演对手戏的男演员威廉·霍尔登热烈地爱上了她。霍尔登当时是一位名演员，刚因主演《第十七号战俘营》而荣获奥斯卡最佳男主角金像奖，此刻正处于事业的巅峰。

威廉·霍尔登是个男子气十足的人，身材魁梧、匀称，有一双拳击家的手，同时也有一股叫人不放心的味道。他们在片中脉脉含情，片外在一起听音乐、喝茶，也曾一起骑自行车环城绕游，侃侃而谈。他们嬉笑自乐，爱情的种子不自觉地发芽生长着。然而，霍尔登结婚多次，当时家里仍有妻子、一个成年的女儿和两个儿子。不过，关于这段恋情，朋友们认为是霍尔登有拈花惹草的倾向，是他搅乱了赫本的心。

不管怎样，这件事很快就过去了。赫本决定不再与霍尔登往来。圈中人分析，赫本富于理智，即或坠入情网，她也不曾有和霍尔登继续交往的打算。即使霍尔登的婚姻已经发生危机，她也不会去做一个破坏他人家庭的人，何况还要同一个成年女孩、两个男孩打交道。她明白，孩子们会怨恨她，社会舆论会谴责她，她可不愿意卷入这种下贱的事件中。再说，霍尔登的性格太喜欢游历，这样一来，若是结了婚，两人会经常分离，这是赫本所反对的。渴望一个安静的家一直是赫本终生向往的，她希望有一个稳固的婚姻，而和霍尔登这样的人结婚，则前途迷茫。

赫本决然地离开了霍尔登，继续保持自己平静的单身生活，直到遇到她的第一任丈夫，著名导演兼作家梅尔·费勒。

女孩子的恋爱，若遇到一个潇洒大方、会玩会乐的男人感觉会很快乐，但是要明白，只有那种踏实和稳健的男人才是理所当然的选择。当然，前提是你要把选择权牢牢地抓在自己手里。

男人有男人的地位，女人有女人的身份。如果你出身于名门或者豪富之家、书香门第，这就是天然资本。好的出身代表着荣耀、眼界和高贵的社会关系，无论什么样的时代、什么样的社会环境，这一点对于正力争上游的男士来说都有足够的吸引力。家世不错的女孩只要能好好地把持自己，不堕入放纵无度、空虚抑郁等常见的富贵病里，大体上就能保证在上流的圈子里和正派上进的男人恋爱，顺利地进入平稳安乐的婚姻生活。名门淑女的身份并非是弃之可惜、食之无味的鸡肋，起点比较高的女孩，要懂得珍惜自己的福分，少接触街头上那些随随便便的男人和女人，使自己的名声和身份降格。如果你是一粒珍珠，一定要镶嵌在白金的托子上才能更光彩，一旦落入泥尘，想回头就太艰难了。

如果出身不够优越，女孩的道路又该如何走呢？没关系，你还可以放开手脚，追求你的第二种身份。

名校学历，各种热门的资格证书，以及你所工作的公司的名声，你在工作中的职位等，都是我们可以通过个人努力而改变的身份。把时间投资在这里，首先可以提高你在社会上的身价和待遇，同时也强化了你与有地位的男性演对手戏的资格。科技精英与名校才女，行业新贵与白领丽人，都是人们心目中天造地设的绝配。否则，一个体面的绅士在社交场合拖着一个很“村”很愚昧的女子入场，别人说什么，她一问三不知，或者时不时就冒出一些不入流的动作和很搞笑的言辞，大家会怎样看待这一对呢？男人自己又会如何看待自己的爱情前景？在这些不大不小的困扰面前，时间一长，男人们心生他念也是情理之中的事了。

“好女孩”“好形象”，最终才会决定“好机遇”。不管是内在的素质和修养，还是外在的气质和装扮，都会对塑造形象产生一定的影响。女孩对于自身存在的某些缺点和问题，尽管一时或终生都难以改变，但不妨学会掩饰自己的不足，有意识地将自己包装成“内外兼修”的美女。

很多女性看待感情问题的时候，常常会一厢情愿地从自己的角度出发，要求男人有房有车有事业，自己就可以不用打拼而直接享受。关键是对于那些已经功成名就的男人，你有什么资格让他敞开胸怀来接受你呢？女性的青春与美貌能吸引住的只是男人的眼球，如果要让他驻足，你各方面的分数都要与之相当才行。

第六章

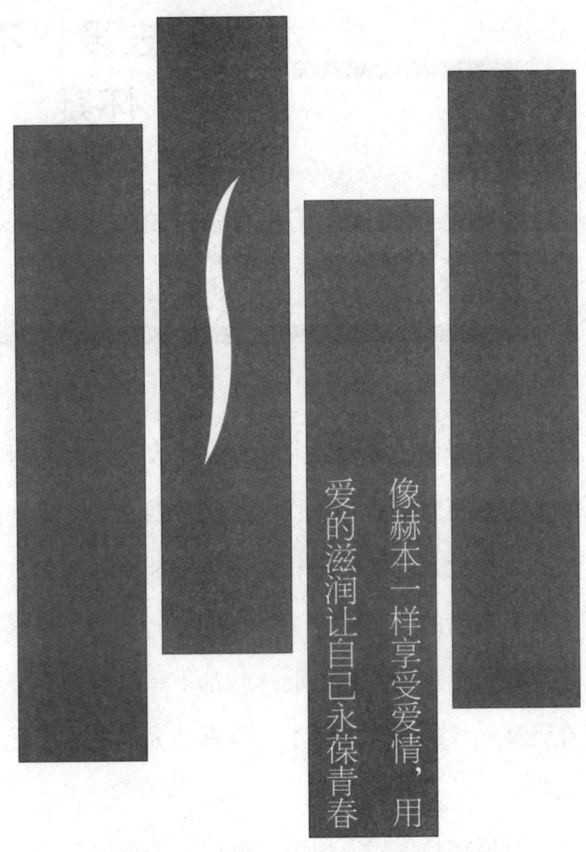

在恋爱和结婚的过程中，我一直有遭到离弃的担忧，这种担忧萦绕在我的每段爱情中。人最怕失去的往往是最珍惜的东西，你害怕它会改变。就像为什么我们在穿过街道时左顾右盼，因为我们害怕被撞到，但我们还是要穿越街道。

——奥黛丽·赫本

大胆去爱，不必怀疑

比较起来，还是相信爱情的女人容易找到安宁与幸福。让这个世界转动的不是金钱，而是爱。

没有爱情的世界就好像是一个没有生命的世界。在人生中，总会有这么一个时刻，你将对事业、工作之类的东西感到无比厌倦，从而去寻找昔日的柔情。

人毕竟是群居的动物，谁也不能单独生活，我们必须和别人共享宇宙，而且人是有感情的，在精神上，我们有所渴望、有所需求，需要爱与被爱、关怀和温暖以及心灵上的归属。而这些都不是单向的索取或等值所能得到的，它必须建立在无私无我的平等立场上，以真诚为基础，用爱去灌溉，方能享有那一份珍贵的感觉。

可惜多数现代人由于怕付出、怕负担而把自己伪装起来，戴着一副虚假的面具，将真实紧紧锁住，以免受伤害，以免有牵绊，以免妨碍自己的前程。

当面对一段爱情，既向往，又害怕伤害和离弃的时候，我们需要从奥黛丽·赫本那里寻找力量。

赫本的初恋发生在她的事业起步初期，对方是英国人詹姆斯·汉森。尽管母亲一再劝告赫本事业和爱情难以两全，但赫本始终抱着鱼与熊掌兼得的幻想。但随着《罗马假日》在全球范围的成功，赫本的生活发生了翻天覆地的变化，裂痕和矛盾不可避免地产生。思前想后，赫本痛苦地放弃了青涩的初恋。

后来，赫本在主演《萨布丽娜》时，和与她演对手戏的男演员威廉·霍尔登坠入情网。但是很快她就发现对方是个花花公子式的人物，他结婚多次，生性喜欢游历，和这样的人在一起不会有什么好结果。最后，两人终于分手。

两次有花无果的爱情在赫本心里留下了淡淡的伤痕，但是并没有熄灭她寻找爱和被爱的勇气。

《罗马假日》的成功缓解了赫本爱情失败的痛楚。她获得了奥斯卡最佳女演员奖。那是1953年3月25日，赫本人生中的一页华彩。在奥斯卡颁奖现场上，主持人宣布赫本为本届奥斯卡影后。尽管事先呼声很高，赫本还是惊呆了。她终于意识到应该上台去领奖。她朝舞台走去，到了前台，本该向右拐，从右侧的台阶登上舞台，可是她却拐向了左侧，只好从边门进入台侧，又从侧幕中走出来。观众以善意的笑声回敬了羞赧的赫本。赫本很快就收获了新的爱情，对方是导演梅尔·费勒。梅尔身材修长，举止潇洒，绿眼睛像湖水那样深邃，里面似乎有用不完的智慧、才华，还有用不完的精力。当时的梅尔已经功成名就，他比赫本大12岁。岁月已经将足够的法力附着于有过经历的男人身上，这些法力有意无意之间都能让比他小许多的女人着迷。梅尔有婚史，但这不能阻止赫本爱上他，因为在赫本眼里他是个不平凡的男人。

不久，梅尔和赫本结婚了。梅尔像慈父一样的关怀与抚爱使赫本很快乐。他们夫妇合作了不少电影，如《战争与和平》《盲女惊魂记》等。

这段婚姻维系了14年，两人之间有过息息相通的爱，也有过争吵和裂痕，但是赫本绝不后悔。**她认为：“在恋爱和结婚的过程中，我一直有遭到离弃的担忧，这种担忧萦绕在我的每段爱情中。人最怕失去的往往是最珍惜的东西，你害怕它会改变。就像为什么我们在穿过街道时左顾右盼，因为我们害怕被撞到，但我们还是要穿越街道。”**

很多女人因为受了爱情的伤就关上了心中的门，对于爱，她们并不是不需要、不向往，而是怕，怕伤痛，怕负担，怕这怕那。

表面看来，这样的人是潇洒自如的，只是她们内心真是平和快乐的吗？没有负担固然轻轻松松，但有时想想，不也挺寂寞孤单？

爱情就某些角度看是令人难以承受的负荷，然而换一个角度去衡量，它却是一种甜蜜的拥有。

人与人要走的路是不相同的，但是比较起来，还是相信爱情的女人容易找到平和与幸福。让这个世界转动的不是金钱，而是爱。与爱人的相处对于我们的心理、生理健康都大有裨益，而且它还是你努力赚钱的动力。爱情为我们在更广阔的地方找到了栖身之所，让我们理所当然地共同生活。

别打破砂锅问到底，给爱一点自由的空气

当我们不再是小女孩的时候，再追问他人尤其是男人的承诺就有些欠大方，也会让对方轻视。

有许多女人和自己相爱的人组成家庭后，会一直小心翼翼地维持着得之不易的幸福，生怕一不留神幸福就溜走了。爱一个人并没有错，但是爱一个人并不代表就要为他去做任何事情，你是一个妻子，只要做好妻子的角色就可以了，没有必要还兼任警察和母亲的角色。

奥黛丽·赫本与梅尔·费勒结婚之后，事业一帆风顺，如日中天，而费勒却始终在二流作品中挣扎。生活在赫本光芒掩盖之下的费勒压力越来越大，婚姻裂痕渐渐显现。尽管赫本试图挽回，但这段婚姻还是在1968年走到尽头，赫本带着儿子肖恩离开。

金秋时节，赫本决定独自到希腊休息旅行。在蔚蓝色的闪着粼粼波光的爱琴海上，一艘豪华的游艇平稳地行驶着。在船上，赫本结识了意大利精神病学家安德列亚·多蒂医生。多蒂出生于一个富有的家族，他生长在罗马，当时正在罗马大学执教，同时也与朋友一起开业行医。多蒂诙谐、生机勃勃而讨人喜欢，赫本成熟、妩媚、温柔而迷人。赫本与年轻漂亮的医生一见钟情，不顾一切地投入这炽热的爱情之中。从结识那天起，人们常常发现奥黛丽·赫本和那位单身的医生在一起，有时在舞会上，有时在甲板上，有时在餐厅或酒吧里。

1969年1月18日，赫本和多蒂的婚礼在瑞士举行。婚后，赫本照料丈夫和孩子，他们的生活如田园诗般优美。

虽然，意大利罗马，赫本的成功一生都要感谢这个地方，但是赫本一开始并不知道，在意大利人的观念里，一个男子不认为他一结婚就该终止自由的性生活，有一部分人认为在结婚之后有一个甚至几个情妇都是很合适的。多蒂婚后时常弄出许多丑闻，甚至同当时罗马城里最声名狼藉、最妖冶的美女搞在一起。当时，一份刊物《国家调查》刊登了这一事件：“多蒂是个淫妇的儿子，而赫本却是个圣人。多蒂时常带女人上夜总会。当赫本在罗马时，他就装得像个天使。当多蒂和女演员、模特儿在一起被人拍照时，多蒂非常狼狈，恨不得把这些女人藏进汽车里。”

这对赫本的打击很沉重，她的婚姻又一次以悲剧告终。但这一次，赫本已经学会了如何从容大度地看待人世的起起落落。据传在两人还没有分开的时候，有人告诉赫本多蒂又和哪个艳女在一起时，赫本只是笑笑道：“哦，是吗……”面对多蒂时，她也从来不提及这件事。

表面看起来，放手，这是赫本的失策兼失败，但是请你相信，这只是命运的波折。如果赫本如一个市井妇人一般刨根问底、死缠烂打，就能够挽救她的婚姻和爱情吗？答案显然是否定的。如果一个男人拈花惹草的动物性不能大于他对妻子的爱与责任，那么不论女人如何拉着、管着，他还是要两眼放光地往花丛里走。女人那样做只会白白损失自尊，把自己扔进泥尘里。

爱情的事，还是顺其自然的好，凡事不可哭着喊着强求。

在一位现代女作家的小说里，平安夜，一对男女在酒吧里喝红酒，灯光朦胧，背景音乐缠绵不断。在这种气氛的浸润中，两个人心怀柔软，充满了爱的感觉。对男人来讲，他觉得有责任向女子求婚；对女人来讲，她觉得有义务答应身边男人的一切要求。

但是第二天阳光普照，从沉醉中清醒时，感觉肯定又是不同。当我们不再是小女孩的时候，再追问他人尤其是男人的承诺就有些欠大方。他的某一句话，如果是他一向的主张或最殷切的愿望，那么他决不会忘。如果他忘了，那就说明只是一时情动或者欠深思，再追问下去也没什么意思。

恋爱的时光如此，婚姻之中也不必把手握得太紧。婚姻就像握在手里的沙子，握得越紧，它就流失得越快。但是有些女人就是不明白，她们太过敏感，每天盯着、防着、看着、训着自己的男人，生怕有什么事情发生，但是最终还是失去了，她们的错误恰恰就是把婚姻抓得太紧。

尽管心理学家认为，每个男人都在找寻自己母亲那样的女性。这是一个美好的理想，但这并不意味着你要无止境地迁就他，或者像他的监护人。有些行为会让一个男人感到窒息，或者就像是面对自己的母亲，这往往会让他厌烦，他会像一个叛逆的孩子一样，同你保持距离。你应当禁用下列4种带有母爱色彩的方式与他沟通。

- 盘查他，让他向你汇报。
- 指望他的所有空闲时间都与你共度。
- 逼问他“有多长时间没跟我在一起了”。
- 过分地卿卿我我，不给他足够的空间来欣赏你。

逼着一个男人为自己辩解，或是让他汇报行踪，是一种母子式的关系。或许他只是跑出去，半个小时就会回家；或许他是找人帮忙修理冰箱；或许他是在朋友的家里喝啤酒。如果区区小事都要向你做汇报，他就会感到失去自由，其后，他就会扯一个小谎，掩饰本不需要掩饰的一些事，这就如同他在保护自己的领地和势力范围。在这个时候，他会感到无处逃遁。

如果你把你们在一起视为他必须做的事情，那么就等于是把某些原本很愉悦的事情变得索然无味了。即使你是好意的，但你的生拉硬拽会把本是互惠的要求变成让他望而却步的事情。所以说，无论何时，只要你让他感到自己必须和你在一起，他就会觉得这简直就像工作。

记住：喜欢他，但不丧失自己的生活空间，生活被他点燃而不是被他主宰。你展现在他面前的是一个现代女人的自信和独立——这恰恰是男人心目中女神的两大精神特质。

男人很怕失去自由，然而当发现女人并不是那么需要和依赖他们的时候，那种对约束的恐惧感便消失了，取而代之的是他们迫切地渴望成为她生活中的一部分。

逝去的爱就放手，才有新的开始

如果你们的感情已成过去式，你要学会把“我们”这个词汇从头脑里抛开，以“我”的眼光来看待这个世界。

与恋爱相对应的是什么？是失恋。这不是玩笑，我们只是想趁机提醒女人们，有得就有失，有恋爱就有失恋与离弃。这本是人生常态，此类的事情最好不要发生在自己身上，但是即使发生了，也没什么了不起。

对于心理正常、情绪稳定的女人来说，失去了也就失去了，小小地难过一下并不妨碍她打起精神去做别的事。对于那些不知善待自己的女人，失恋不仅仅是失去了一段感情，同时失去的还有对生活的信心。她们的思路是这样的：他离开了我——我是没有魅力的女人——我的人生是失败的人生。其实这中间，只有你和一个男人分手是事实，其余的一切只是自己一种悲观的想象。抬起头来往前走，前面依然是一个缤纷世界。

奥黛丽·赫本还没从第二次婚姻失败的阴影中走出来，就在一次聚会中遇到了同为演员的罗伯特·沃尔德斯。当时罗伯特的生活也不如意，他的妻子莫莉·欧伯朗刚刚因癌症去世。在聚会上，两人谈起相同的荷兰血统、对书的热爱和心脏疾病。

随着时间的推移，他们之间的友谊变成了爱情。虽然他们没有结婚，但是赫本称罗伯特为“丈夫”。因为她知道，爱情是不需要用一纸婚约来表现的。她说：“吸引我的男人可高可矮、可白可黑、可英俊可平庸，我注重的并不是外貌。如果他身上有种难以名状的亲和力或魅力，我就会与他融洽相处。”

“我花了好长时间才找到像他这样的人，但是相见恨晚总比永不相见好。如果我在18岁的时候遇见他，我一定不会喜欢上他。也许每个人都会有这样的感觉。”

在朋友们的眼前，他们这段感情也是幸福的。

“看到他们之间的玩笑和嬉闹是件甜蜜的事情，你会发现赫本俏皮和幽默的一面。她聪明博学，能讲多门语言。难怪罗伯特和她在一起不会觉得乏味。”

赫本与前夫的儿子肖恩也给予他们真诚的祝福：“就像很多人形容的那样，母亲是一个外表柔弱、内心坚强的人。在她生命中的最后12个年头中，母亲都与罗伯特·沃尔德斯在一起。他们在很多方面都很相似，虽然他们并不是完全的举案齐眉、相敬如宾，生活中偶尔也会发生气氛紧张的小争吵，但是多年来一同为联合国儿童基金会工作，使他们之间建立起了足够的默契，使他们能够陪伴对方度过生命中最后的一段日子。”

女人可以失去爱情，但不要因此而失去生活，迷失自己。有些人一旦失去了爱情，就会连生活的重心也失去了，只剩下无助、寂寞、孤独、消极、悲观，甚至失去对生活的信心。可是再过几十年，等到自己老了，活明白了，回忆起那时候来，怕只剩下惭愧和悔恨了吧?

逐渐淡漠的爱情势必会走向分手。即使你仍深爱着对方，也要学会慢慢消解这段感情。你们的感情已成过去式，以后你要学会把“我们”这个词汇从头脑里抛开，以“我”的眼光来看待这个世界。

与其长期沉浸在悲伤的旋涡中，不如勇敢正视现实，让身心得到解脱。一个成熟的人在对待感情方面要豁达。放弃其实也是一种美丽的收获。

所有的感情伤害中，爱情伤害之所以最痛，首先在于爱情的理想化，对爱情的理想不但是女人的渴望，也是男人的憧憬。爱情虽然甜蜜、幸福，但是爱的航程并非永远一帆风顺，有时会遭遇暴风、旋涡、暗礁，使爱着的人突然陷入失恋深深的痛苦之中。

正是由于对爱情寄予了太多的美好想象和希冀，所以失恋的人常常会无止境地缅怀逝去的爱。失恋者在无形之中会将对方美化，赋予对方一些神奇的特质，于是他们更加舍不得放弃这段感情，更加舍不得离开那个人，一种斩不断理还乱的感情常常搞得失恋者焦头烂额、痛苦不堪。

雨果20岁那年与年轻貌美的阿黛·富谢结了婚。可是婚后的第十年阿黛突然另结新欢，追随一位作家而去。这使雨果十分痛苦，又备受打击。次年，他结识了女演员朱丽叶·德争埃，两人坠入爱河，这才使他那颗伤痛的心得到抚慰。

阿黛离开雨果后，生活并不幸福，经济一度很拮据，几乎到了举步维艰的地步。一次，她精心制作了一只镶有雨果、拉马丁、小仲马和乔治·桑4位作家姓名的木盒到街头出售，可是因为要价太高，很多天无人问津。一天，雨果从那儿经过看见了，就托人过去悄悄地买下来，这只木盒现在仍陈列在巴黎雨果故居展览馆里。

一个成熟的女孩要理智地对待自己的情感，千万不要因为某个人而痛苦消极地活着。感情的事情并不是谁都能把握得了，为什么要为一个已经毫不相干的人而让自己陷入不愉快的心境中呢？一个不懂得欣赏你的人没有资格让你为他难过悲伤，每一个人的人生都是美好的，某个人的离开只能说明那个懂你的人还没有出现。他不是你生活的全部，与其让自己陷入一个无望的爱情中，不如潇洒转身，投入下一段人生之路的精彩之中。

女人有爱情也要继续为事业拼搏

女人要靠自己活着，而且必须靠自己活着，这是女人立足社会的基础，也是形成自身“生存支援系统”的基石。

在奥黛丽·赫本的一生里，感情生活并不顺心如意。她结过两次婚，与两位前夫有两个男孩。第一任丈夫梅尔的专制与第二任丈夫安蒂的风流都是赫本心中难以抹去的隐痛。

在凡俗的人间，天使的爱情依然是被伤害的爱情。也许人间的爱情原本就是伤害的代名词。爱情这个词同天使一样，一旦下凡到人间，就和太多的东西联系在一起了，比如情欲、自私、破碎、琐屑。爱情原本的妩媚与明亮抵不过人性中这些无聊但又具有基因性质的东西。天使赫本的爱情土壤依然在人间。天使赫本的爱情历程是一个凡俗女人的爱情历程，说得更准确一些，是男人与女人情欲纠葛的历程，依然和凡俗的女人没有什么不同。不同的地方在于她比凡俗的女人更有资格产生更大的波澜，发生更离奇的故事，造成更大的伤害。

另外，赫本与凡俗的女人不同的是，作为世界级的女演员，她有自己喜欢并且可以给她带来丰厚报酬的工作，这足以维持她生活和情绪的安定。

赫本曾在26部影片中担任各种角色，包括一部电视影片，其中担任主演的有20部。《龙凤配》《战争与和平》《甜姐儿》《蒂凡尼的早餐》《黄昏之恋》《俪人行》《谜中谜》《窈窕淑女》《盲女惊魂记》等影片里的角色她都演得出神入化。

这就是赫本的资本，工作给她最大的支撑，让她有资格为自己疗伤，有能力打造新的未来。

不是每个女人都可能遭遇这样的感情之变，碰到一个爱你的、能够保护你的男人是一种幸福，但是一定要记得，无论是哪个人来保护你，都没有自己保护自己来得实在。

在英国前首相布莱尔当选之前，他的妻子大律师切丽就是布莱尔家庭的主要经济支柱。切丽的个人成就一点也不比布莱尔逊色，她是撒切尔夫人首相竞选班子里的核心成员；她竞选过工党议员；她帮助过托尼·布莱尔竞选国会议员……

在唐宁街的10年里，切丽的律师薪金也远远超过首相的固定工资。而她的书《道出真我》更为她带来了200万美元的预付稿酬以及数字惊人的版税收入。

尽管在相对保守的英国，人们希望一位合格的首相夫人是每天将自己打扮得体，站在首相身边，可这并不适合切丽。作为大律师，她最常见的装束就是假发和黑袍。“衣服对于我的事业，并不是最重要的一件事。”她说。

法国总统携其模特出身、风韵过人的妻子来访，对于那种政治之外、女人与女人之间的交锋，切丽并不放在心上，她表示：“那绝不会是一场公平的竞赛！我不认为自己长得丑，但我毕竟不是时装模特。”对于自己12年来在舆论中的所得所失，切丽更愿意将它们放在女性历史的大框架下进行观察。“这不仅仅是关于我，”她说，“对于所有女性来说，我们都正处在一个转型期。我的外婆和母亲在14岁以后就不再读书了，而我自己，我相信是第一个拥有大学学历的首相夫人。”

现在，从首相夫人位置上退下来的切丽将自己重新定位为“为女性权利而战的十字军战士”，她创建了“切丽·布莱尔基金”，希望将世界各地各个行业中的精英女性集合在一起，将她们的智慧和经验通过互联网的平台传递给需要帮助的女性们。

随着社会经济的发展，“全职太太”一词开始在都市里悄然流行。她们的工作地点在家庭、超市之间，工作的重心就是打理老公的生活和教养孩子成长。这种现象既回归了传统又符合世界潮流，于是一些女人就安心从上司的脸色与职场的竞争中退出，顺理成章地躲在家庭的小窝里。

但是对于目前大多数的中国女子来说，感情与事业都是不可替代的。两个人一起努力日子尚捉襟见肘的家庭，做妻子的固然必须承担起生活的责任。即便你遇到的是一位成功男士，衣食无忧，面对将来全职太太式的生活也要慎重选择。女人工作的意义不仅仅在于薪水的回报，它还可以使你保持独立的个性、宽容的胸怀和美好的气质。

因为事业，女人变得自信；因为事业，女人才可以为自己量身打造属于自己的那份独特；因为事业，女人不会追着满街的流行元素而盲目随波逐流；因为事业，女人才不会为脸上小小的斑点而耿耿于怀，才可以素面朝天地向世人展示自然的美丽时做到神情自若……有事业的女人是最美丽的。不是因为鼓起来的腰包或者名片上的头衔，而是那种专注和执着的美丽。

女人要靠自己活着，而且必须靠自己活着，这是女人立足社会的根本基础，也是形成自身“生存支援系统”的基石，因为缺乏独立自主个性和自立能力的人就像藤一样，没有了参天大树可供攀附便不能向上生长，而只能蜷伏于地面。

如今的职业女性家庭事业两头忙，放下吸尘器，又抄起了公文包，可是一个人的价值恰恰是在这种忙碌中得到了充分的体现。当你累了的时候，还是多想想自己快乐的一面吧！做职业女性，有独立自信的好感觉，又有加薪晋级的新希望，它们会使你永远都保持着生机勃勃的最佳状态。使女人变老的主要原因不是来来去去地奔忙，而是日复一日地消沉和懈怠。

如果说女人拥有什么样的感情生活还有一些运气的成分，工作中个人努力的印记却是显而易见的。虽然每位职业女性都会有许多职业烦恼，工作依然是最值得我们为之付出的事情。经济上的独立还是其一，一份小小的事业就是女人信心的基础，它可以让你更自然、更平等地与这个世界对话，为你增添一种从容洒脱的个性魅力。

相信爱情，但在爱情里要懂得取舍

破碎的爱情不是因为遇人不淑，只是没有在合适的时间遇到合适的人。

男人常说，女人如衣服。那么，对于女人来说男人是什么呢？男人是脚上的鞋，合不合脚只有自己知道，而不是像装饰品一样，是为了摆在家里好看，带出去给人称赞的。所以，选择结婚的对象要慎重，最好的未必是最适合自己的，适合自己的才是最好的。

在这方面，天使也没有比世俗的女人得到优待，奥黛丽·赫本的感情生活完全摊在阳光下的时候，一样是千疮百孔。

不能说这是因为天使遇人不淑，只能说奥黛丽·赫本没有在合适的时间遇到合适的人。她的长子肖恩这样评价母亲的两段婚姻："不管怎样，两次婚姻的结束，谈不上谁对谁错。当两个灵魂无法融合在一起时，大家只是感到悲伤。从某种角度来说，外祖父当年的离家出走给母亲的情感世界造成了很大的创伤，而这种创伤带来的遗憾和怅惘应该为两次失败的婚姻承担一定的责任。这就好像希腊神话中推石头上山的科林斯王。如果你不懂得游戏的规则和其中的奥秘，那么不管多么努力地推，最后几英尺的距离总是无法克服。这种对感情的执着追求和纯真渴望应该被呵护、被宠爱，很多时候我的母亲都是生活在自己营造出来的感情幻想中，那是一种无论男女都盼望拥有的生活，而对母亲来说，这只是个一触即破的肥皂泡。

“母亲总是全身心投入地爱着她的丈夫，她尽了自己最大的努力去维系这两段婚姻。她所犯的错误只是她没有在恰当的时候去倾诉自己的感情，同时聆听别人的心声。在主动和被动之间，母亲没有找到一个合适的分界点。在整个童年都被控制欲极强的外祖母弄得筋疲力尽之后，母亲希望能够过感情自然流露的生活。但是她选中的两个男人都并不适合这样的生活，他们都需要学习如何去处理自己的感情，这就像后来她在联合国儿童基金会工作时遇到的那些孩子一样，由于家庭不幸，他们都无法在出现问题时做出正确的反应。**母亲的感情世界很简单：如果你全心全意地去爱一个人、照顾一个人，那么他或者她应该同样地对待你。然而让我们感到无比失望的是，现实中的世界并不是这样的。”**

因为幼年时父母离异，奥黛丽·赫本对感情有过多的渴望，当她付出的感情没有换来所期望的回报时，她敏感的心就受到了伤害。赫本与两任丈夫基本上都是一见钟情，如果她在当时就明白漫长生活的分量并不比单纯的感觉轻，就应当在选一个与自己“合拍”的男人上下点儿功夫。结婚双方的家庭或本人如果成长的环境、价值观念等相差较大，结婚以后一般不会幸福。随着时间的推移，两人的消费观念、文化、娱乐、卫生习惯、感情要求等生活的方方面面都会格格不入，他们都会坚持认为自己是对的、对方是错的，要求对方忍让和改变，久而久之，他们就不再是平等的关系，婚姻也会因此出现危机。

明智的女人应当知道自己在感情上最需要的是什么。

美国前国务卿赖斯被媒体誉为“华盛顿最红的人”，在国内不乏追求者。更有意思的是，2000年8月赖斯访问以色列时，曾与当时尚未上台的沙龙进行过会谈。沙龙后来对记者说，他为赖斯的魅力深深吸引，以至于根本听不进她究竟在讲些什么。

这样一个女人，人过中年依然不结婚就让人十分费解了。

但是赖斯并不认为事业影响了她的个人生活。她说：“我不成家是因为我从来没有碰到过任何想与之共同生活的人。我认为，我在生活中保持了平衡。我不是一个工作狂，我也有休闲时光。”

有人认为，赖斯身边的男人都太优秀，令其他男士颇感自卑。在这些年的从政生涯中，赖斯的知己都是美国政界的巨头，如布什、斯考克罗夫特、舒尔茨等。赖斯的助手评价说：“赖斯是能在强有力的男人中巧妙周旋的人。”

即使至今还没找到感情归宿，赖斯并没有放弃对婚姻的向往。她曾表示：“我确信，如果上帝安排我和某人结婚，就一定会把那个人带到我面前。”

现实之中，每个人都有自己的追求，你尽可以寻找适合自己的生活方式，但赖斯的选择还是可以给我们一些启示的。宁缺毋滥，保持清醒，应该是每个准备步入婚姻的女性的戒条。

女人在恋爱时看重的是此时此刻的感觉，婚姻却要通过漫长的人生考验。有些女人认为，嫁给不能让自己完全动心的男人一定不会幸福，其实并不一定，现实中这种婚姻幸福美满的概率很高。当然，前提是他“值得爱”。在婚后的平淡生活里，当拥抱和亲吻都没有感觉时，夫妻间的爱情需要智慧来维持。结婚后仍能让妻子拥有不少礼物和旅行的机会，又懂得浪漫而且性格好的男人，会让女人愈来愈爱、愈来愈满足。

女人对幸福的理解决定了她将选择什么样的生活。学会别让不合拍的男人牵制你的脚步，这虽然还不能从此使你的一生一帆风顺、高枕无忧，却不至于让你在年华渐去的时候还为选择的失误而懊悔不已。

爱孩子，孩子让女人的人生更充盈

孩子是生命的延续，也是爱的延续，没有什么比成长能带给我们更多的感动和震撼。

每个孩子在出生之前都是漂浮在世间的一粒种子，他们借母亲的怀抱来到这个世界，在母亲日复一日的精心呵护中长大。表面看起来，这是母亲在为孩子无私地付出，而事实上，孩子给予母亲的幸福感要远远大于她的感情付出。孩子是女人的春天，她们站在春天门前将要看到柳色清新、雏燕起飞及大地丰收的新景象。

母亲是奥黛丽·赫本最喜欢的角色，但是每次获得这个角色时都历尽艰难。她一次次地流产，总不能让腹中的胎儿平安生产，前后共有4回。终于，她在31岁的时候成功地生下了儿子肖恩，后来又有了次子卢卡。两个儿子为她带来了足以弥补伤痛的欢乐和幸福。

她曾说：“我的一生都在等待生产的时刻，它最后终于到来了。如果你在18岁的时候就做了母亲一定特别开心。当时我已经30岁了，漫长的等待让这个时刻

更加甜蜜。”

对任何女人来说，协调事业和家庭之间的关系都是一个挑战，这个挑战对赫本来说尤为巨大。为了拍摄电影，她必须长年在外，而学校教育要求孩子不能外出，这简直让赫本分身乏术。

最后她将天平倾向了亲情。她不想再通过长途电话与儿子联络，不愿错过在睡前给儿子讲故事的机会，不想再重复“回家后我们就可以在一起了”的托词。在事业的巅峰时期，她毅然退出影坛。

她每天步行送小儿子卢卡去学校，被太阳晒黑了皮肤，在家中做枯燥的家务。儿子因为母亲的陪伴更加茁壮，赫本自己也更加快乐。在儿子心目中，妈妈是伟大的：“开始，我只知道我有个妈妈，她是一位非常伟大的母亲，后来我知道她还是个演员，拍摄过很多电影，最后我才了解到她受到全世界的喜爱。我觉得人们爱她是有理由的，因为她值得人去爱。

“我记得我上学以后，每次考试来临之前她比我更加紧张焦虑。考试前一天，她会在我睡觉前将所有问题都问一遍，第二天起床之后再来一次，即便这让她昏昏欲睡也乐此不疲。

“我记得当我拿着不错的成绩册回家时她兴高采烈的表情。

“我记得在周末的晚上，我们会躺在床上关着灯聊天，直到谁先睡着为止。我们像朋友那样无所不谈，从现在到未来，从身边的人到远逝的事，绝大多数时间里我们只是聊一些生活琐事，但是在黑暗中一切都显得有些特别，感觉像是两个灵魂在交流。

“母亲热爱家庭生活，我经常看到她在厨房中费尽心思地准备各种食物。对于每一件事情母亲都竭尽所能地去做，这能够让她感到满足、感到幸福。”

对于育儿过程的得与失，欢乐与忧愁，奥黛丽·赫本有自己独到的见解：“最悲惨的事莫过于临终前充满遗憾，只能回忆起伤心的往事或错失的机遇。

“如果只能靠回忆自己所扮演的角色度日，而不记得自己的骨肉，这一定是让人痛心的。对我来说，没有什么比看着孩子长大成人更兴奋和欣慰的事了。孩子的成长只有一次。”

孩子是生命的延续，也是爱的延续，没有什么比孩子的成长能带给我们更多的感动和震撼。

2007年12月12日，著名导演顾长卫50岁生日。生日聚会上，妻子蒋雯丽说要送上大礼给他，然后便有两个小伙子将一个大大的彩色纸箱抬上台。顾长卫走过去打开纸箱，谁都没有想到，他那6岁的儿子从里面跳了出来。顾长卫抱住儿子，当场落泪。

这是一个动人的瞬间。就算主角不是顾长卫和蒋雯丽，换作任何一对普通夫妻来演绎，这个片段都将感人至深。一个妻子送给丈夫的礼物，还有什么比一个活蹦乱跳的儿子更好呢?

提起儿子，顾长卫说：“他长得像我，说的话像我，思维方式像我，他活脱脱就是少年时代的我。这种生命延续的力量实在是令人感动和震撼。”

歌手郑均曾说过：“有了女儿以后，每天看到她，就觉得世界真美好啊！”相信他说的是真心话。生命的力量是无尽的，它真的可以让人重新审视世界，重新开始生活。

孩子是上天送给女人的礼物，付出了爱的女人，她本身的生命也将变得强韧和丰满起来，从此不害怕空虚，不害怕寂寞，不害怕年华的流逝。

理解父母，才是真的理解爱

我们会因为很多事情怨恨自己的父母，最后我们才意识到，他们只是平凡人，他们已经尽了最大努力。

奥黛丽·赫本说过："不管你的丈夫如何对待你，无论孩子给你带来多大的麻烦和苦恼，不论你的父母曾让你多么伤心，都无关紧要，因为你爱他们。"

每个人都是家庭中的一员，并且尽最大努力行使自己在家庭中的职责。人生就像纸牌游戏，很多事情是命中注定的。

我们会因为很多事情怨恨父母，怨他们没有给我们足够的尊重，嫌他们不忠于婚姻，对待孩子有偏向。最后我们才意识到，他们只是平凡人，抱怨并不能改变什么，他们已经尽了最大努力。

在很多方面，母亲艾拉·凡·海姆斯特拉男爵夫人是赫本最忠实的拥护者。在赫本接受芭蕾舞教练的训练前，甚至之后，母亲都在不断把赫本推向新的高度。当然，她的督促手法并不温柔。

赫本的母亲不是那种特别宽容和温和的女人，她总是把赫本拒之千里，很少给予赫本鼓励（还时常令赫本加深自我怀疑）。但是在赫本一举成名之后，她却引以为豪。这一点她是不肯向赫本承认的。

多年后奥黛丽·赫本理解了母亲的感情，她说："妈妈曾对我说：'不要认为自己有才能，尤其在你获得了才能之后。'她说这话的时候正是我初尝成功的美妙的时候。她并不是要贬低我，而是让我意识到自己是幸运的。

“有时我觉得妈妈有些冷酷，但是她对我的爱是发自内心的，对于这一点我一直都明白。”

赫本和父亲几乎没有什么感情。她对他的最后记忆就是多年前父母离异，他把赫本送上了去荷兰的一架橘红色（荷兰的象征色）飞机，那时，赫本只有6岁。

二战结束后，她通过红十字组织了解到父亲已经去了爱尔兰。恐怕赫本这一生都没有勇气说一声：“爸爸，我想见到你。”

与朋友在一起时，赫本经常谈起她的家庭，她和父母之间有一定的疏离，但是这没有妨碍她的生活，反而让她更加镇静、沉着。她努力克服对父母的隔膜，对他们非常孝顺。

一切不幸在真爱面前都会变得微不足道。能够接受苦难并且在苦难中尽心生活，那么苦难就能变成催开幸福之花的肥沃土壤。一个面对苦难能够感悟到幸福味道的女人必定是一个可以幸福一生的人，因为她们的内心本来就充满着感恩、乐观、爱和幸福。

生命中很多的事情都不是我们所能掌控的，但我们能够正确地把握自己。当你为每天的生活疲于奔命的时候或许抱怨过，但是当你有勇气从黑暗中抬起头，才会有机会看到头顶射来的一束亮光，向着光明走去，才能将痛苦的阴影甩在身后。如果你能够在艰苦的跋涉中有心欣赏路旁盛开着的小花，品尝早晨的一滴甘露，那么你的内心也一定不会因为贫困而干涸，不会因为困境而憔悴。每个人孜孜以求的幸福其实就在你的手里，在自己的心里。

每个女子在成年之后大都要组建自己的小家庭，丈夫、孩子、生活、职业，她们忙得团团转，像少女时代那样与父母撒娇谈笑的日子少而又少。为了追求一种不可知的未来，许多人竟然忽略了身后的过去。

有这样一个古老的东方故事。

从前，有个年轻人与母亲相依为命，生活相当贫困。

后来年轻人由于苦恼而迷上了求仙拜佛。母亲见儿子整日念念叨叨、不死不活的痴迷样子，苦劝过几次，但年轻人对母亲的话不理不睬，甚至把母亲当成他成仙的障碍，有时还对母亲恶语相向。

有一天，这个年轻人听别人说起远方的山上有位得道的高僧，心里不免仰慕，便想去向高僧讨教成佛之道，但他又怕母亲阻拦，便瞒着母亲偷偷从家里出走了。

他一路上跋山涉水，历尽艰辛，终于在山上找到了那位高僧。高僧热情地接待了他。

听完他的一番自述，高僧沉默良久。当他向高僧问佛法时，高僧道："你想得道成佛，我可以给你指条道。吃过饭后，你即刻下山，一路到家，但凡遇到赤脚为你开门的人，这人就是你所谓的佛。你只要悉心侍奉，拜他为师，成佛是非常简单的事情！"年轻人听了非常高兴，谢过高僧，就欣然下山了。

第一天，他投宿在一户农家，男主人为他开门时，他仔细看了看，男主人没有赤脚。

第二天，他投宿在一座城市的富有人家，更没有人赤脚为他开门。

他不免有些灰心。

第三天，第四天……他一路走来，投宿无数，却一直没有遇到高僧所说的赤脚开门人。他开始对高僧的话产生了怀疑。快到自己家时，他彻底失望了。日落时，他没有再投宿，而是连夜赶回家。到家门时已是午夜时分，疲惫至极的他费力地叩动了门环。屋内传来母亲苍老惊悸的声音："谁呀？"

"是我，妈妈。"他沮丧地答道。

门很快打开了，一脸憔悴的母亲大声叫着他的名字把他拉进屋里。在灯光下，母亲流着泪端详他。

这时，他一低头，蓦地发现母亲竟赤着脚站在冰凉的地上！

刹那间，灵光一闪，他想起高僧的话。他突然什么都明白了。

年轻人泪流满面，扑通一声跪倒在母亲面前。

我们抛开父母、家园远游，不论走得多远，身后的牵挂永远不会断线。一个人不必到远方去找理想，应该转过头去找他的本源。对父母好不仅仅是回报，同时也是为了做好自己。

作家周国平说："父母在时，我们的来路是明朗的，去路因有人遮挡着所以模糊；有一天父母去了，我们的来路模糊了，去路却开始明朗。"

父母之爱是我们在人世间唯一的最真切的呵护。请你从今天就开始珍惜这种最平凡却最无私的感情，不要等长途跋涉，蓦然回首时才明白。

第七章

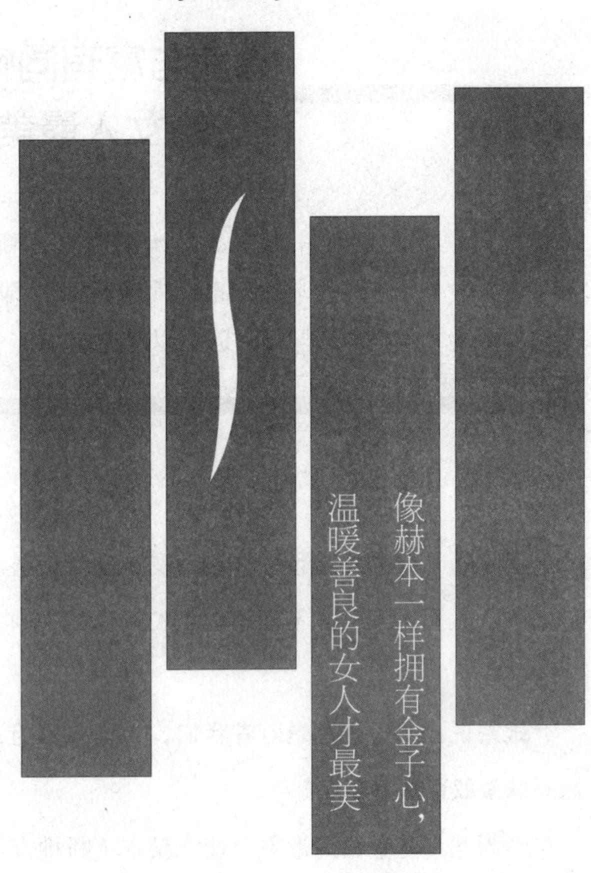

我有幸了解赫本广阔的胸怀和对生命的虔诚。一个女人能奉献出的爱是无止境的。

——联合国儿童基金会亲善大使

哈利·贝拉方提

善良与富有同情心的女人最美

一个无懈可击的美女，如果没有一颗同情与善良之心，她就永远得不到他人的亲近和喜爱；即使是一个荡妇，如果她的心是慈悲的，也足以使她蒙上一层圣洁的光辉。

奥黛丽·赫本和母亲一样从小受到基督教科学派的教育，她的信仰建立在人道主义、人性的善良和不断繁衍生长的自然界中。她的信仰来自那愿意付出一切去改善现状的博爱胸怀。

她曾说："母亲总是叮咛我们，人要有作为，为人服务，付出爱心。我想这比一味索取更加重要。"

作为儿童基金会的形象大使，赫本不断地奔波于世界上最贫瘠的地方，并且总是精神昂扬，笑容可掬，丝毫不露疲态。

赫本从不像一些女明星，端着架子扭捏作态，出份名义而已。她经常摘下墨镜，露出只着淡妆的面容，一脸随和，与工作人员一起进出，在镜头前悠然自得。赫本不怕吃苦，何时都挺着笔直的肩膀在运送的大堆救援物资麻袋上跳上跳下，一脸调皮。

她也从没有对着邋遢肮脏的孩子们摆出沉重忧心的面孔，总是毫不迟疑地伸出双手，俯下身，孩子们抬起头，看见的是平生见过的最亲切的笑脸，一把最温暖的火烛，一个最美丽的天使。

她与孩子们一起学习、一起游戏、一起交谈，在破烂的黑板上画出一个大大的心，告诉孩子们最基本也是最高尚的爱的含义，帮助小女孩扎起一个与自己一样的发髻，肯定并鼓励她们对美的追求。

赫本到哪里，就点燃哪里，照亮哪里。除了物资，她还带去无法计数的温情与感动。纪录片中有一个片断是赫本和考察团一起离开柬埔寨的一个小小的村落。在一条窄窄的山边小道上，全村的人们自发地为他们送行，排成了一条长长的队伍。大人们眼里含着泪水，孩子们脸上写满无限的依恋与不舍。也许在他们看来，赫本就是一个真正的天使降临，赋予他们力量，赋予孩子们奋发与希望。

女性有很多美好的品质，其中最值得珍视的就是善良与同情心。同情与善良，在成全别人的同时也成就了自己。一个无懈可击的美丽女人，如果没有一颗懂得同情与善良的心，就永远得不到他人的亲近和喜爱；而即使是一个荡妇，如果她的心是慈悲的，也足以使她蒙上一层圣洁的光辉，变成美丽的天使。

阿根廷前第一夫人埃娃·贝隆出身寒微，长大以后，为了自己心中的目标，埃娃不择手段。她的足迹踏遍首都的酒吧、剧院、宾馆，穿梭于各种权势男人之间，一次次地利用爱情，从酒吧老板到军官，从摄影师到导演，只要对自己有所帮助，埃娃从不放过。直到与未来的总统贝隆相遇，她的脚步才停留下来。

贝隆在1946年当选为阿根廷总统，就职当天，成千上万群众如潮水般涌在总统府门前。面对雷鸣般的欢呼，埃娃显得十分平静，她挽住丈夫的胳膊，轻轻地说：“我只是一个普通女人，一个协助贝隆拯救黎民的女人。我所能做的，就是将贝隆与人民拉近到心连心的距离。”这段告白更是引起了新一轮的欢呼，这时，埃娃只有27岁。

成为第一夫人后，埃娃的杰出才华如鱼得水，为社会救济、劳工待遇、教育水平的提高而四处奔走，亲自前往工厂、医院和孤儿院，用春天般温暖的笑容慰问底层人民。童年的穷苦经历影响着埃娃的政治方向，她骨子里特别痛恨贫富悬殊，发誓要改善底层人民的生活，成为“穷人的旗手”。埃娃深知女性在社会中遭受的种种不公，她一跃成为阿根廷女性的代言人，为女性的健康和权益贡献心力。她建立第一夫人基金会和穷人救助中心，专门在国家银行设立了一个特别的账号。有一次，埃娃拖着病体在不到48小时内发表了7次演说。医生们劝她要注意休息，她则骄傲地回答：“我要为穷人燃烧自己的生命！”

阿根廷政坛本是男人拼杀的战场，由于红颜埃娃的加入，呈现出一种奇异炫目的别样光彩。埃娃的声望甚至超过了总统丈夫，百姓将她视为偶像，穷人将她视为救星。在很多人家中，埃娃的画像与耶稣像并排贴在墙上。

在国外，埃娃的绝代风华令各国民众为之倾倒，她所到之处，所向披靡。欧洲媒体将埃娃出访称作“彩虹之旅”，赢得了欧洲的普遍称赞，埃娃也获得了很多新的头衔：“贝隆手中的王牌”“阿根廷玫瑰”“苦难中的钻石”等。

女性的仁爱之心像冬天里的阳光一样珍贵。但是需要注意的是，同情和善良一定要是真情流露，如果为作秀而作秀，它们的感染力就差得多了。

在生活中，即使你达不到赫本与埃娃的高度与影响力，也可以从小处做起，一点一滴地改变周围的世界。

人是感情动物，很少有人以恶劣的态度去对待别人的善心。“付出总有回报”是世间的真理，以友善的心态对待生活，常常会得到意料之外的收获。这就像在一片荒地上种树，播下好的种子之后，尽管不能保证每一粒种子都发芽开花，但是只要有十分之一的种子长成小树，也是非常可观的收获了。在我们熟悉的民间故事里，“善有善报”的典故比比皆是。世上的人数以亿计，能与我们相逢的都是有缘。有时候，结善缘只需一碗水，结恶缘也只需一句话，那么何必吝啬于自己的一点爱心呢？帮助别人后，他回报了那是意外的欣喜，就算没有回报，也同样成全了自己的人格和心灵，这绝对是有利而无害的事情。

尊重别人，你也会得到尊重

心理学研究表明，人都渴望自立，成为家庭和社会中真正的一员，平等地同他人进行沟通。

生活中的每一个人都有被人尊重的愿望，这种愿望是我们人类最强烈、最迫切的一种目标。

那些真正的成功人士，尤其是取得了巨大成就的成功人士，都会尊重跟他有关的每一个人，而且每个人都很尊敬他、看重他，因而大大增加他们对他的贡献。因为他把那些人看得很高，满足了那些人的心理需求，因此他能从他们那里获得更大的工作成绩。

由于各人的思想、观点、习惯、知识、修养、经历、性格等千差万别，所以应该尊重别人，虚心听取别人的意见，不要自以为是。要讲究文明、注意礼貌、举止适度、彬彬有礼，才能引起人的好感，而行为粗鲁、不施礼节必然会使人退避三舍。

奥黛丽·赫本不仅外形纯美，内心也谦和高雅，她为人很有教养，十分容易相处。因此，演员们都很愿意与她同台演戏。在《罗马假日》里，她与格里高利·派克合作之后，成为友谊持久不变的朋友。在拍斯坦利·多南执导的《俪人行》中，她与男主角扮演者阿尔伯特·芬尼合作得也相当愉快。两位主角甚至有时因为在摄影机前笑得太过火而只好重拍。阿尔伯特情绪极好，经常讲笑话，一场戏下来，检查录音时，突然听见阿尔伯特说："我和赫本要当导演啦！不晓得斯坦利·多南还能挣到什么钱！"自然这段录音只好剪掉重录。当然也有的演员因为赫本名气太大，与她一起拍戏还有些不适应。1957年，赫本主演了派拉蒙电影公司当年的最佳影片之一《滑稽面孔》，与她配戏的好莱坞舞蹈名腿，56岁的弗雷德·阿斯泰尔被赫本弄得魂不守舍，在该片开拍之前便没完没了地表白："这是我和伟大而可爱的赫本合作的最后也是唯一的机会了，我不能错过这个机会。"在拍《蒂梵尼的早餐》时，和她演对手戏的是年轻英俊的演员乔治·佩帕德。他非常紧张，在拍一场与赫本的床上戏时，他躺得过于靠边，不料扑通一声跌倒在地板上。后来，赫本热情主动地帮助他，使他消除了紧张，终于拍好了这场戏。

赫本的人品和艺德也是为圈中人物和广大影迷所称赞的。她拿过百万美元片酬，但她认为，一个演员不该由于拿过百万片酬就永远非拿百万不可。在1966年拍喜剧片《怎样偷窃100万》时，她与著名导演威廉·惠勒第三次合作，赫本十分感谢这位在《罗马假日》和《孩子们的时刻》中提拔、启发她的恩师，主动地将片酬减为75万美元。

由于赫本在银幕上的形象，广大观众十分喜爱她。在她声誉鼎盛的20世纪五六十年代，世界各地的影迷把她奉为"银幕女神"，对她的名作百看不厌。

要做到尊重他人，首先必须平等地对待每一个人。心理学研究表明，人都有友爱和受尊敬的欲望，并且交友和受尊重的愿望都非常强烈。人们渴望自立，成为家庭和社会中真正的一员，平等地同他人进行沟通。如果能以平等的姿态与人沟通，对方会觉得受到尊重，而对你产生好感；相反，如果自觉高人一等、居高临下、盛气凌人地与人沟通，对方会感到自尊受到了伤害而拒绝与你交往。

尊重周围的所有人，你才会赢得所有人的尊重，建立起良好的人脉关系，一步一步走向成功。那些看上去不起眼的小职员，更应该尊重，因为你敬他一尺，他会敬你一丈，况且，说不定他们之中有藏龙卧虎之人，不知哪天就会晋升到你的头上。如果你平时尊重他，自然会得到好报。

但是，尊重别人不是嘴上说说就可以了，必须付诸行动。女性朋友不妨按照下面几点去做。

不要贬低别人的工作能力。当周围的人在某一方面做出成就时，你应该给予适当的赞扬，而不是对其成就进行有意无意的贬低。即使你周围的人工作能力平庸，也不要贬低，否则，不但会使你们的交往不成功，还会激起矛盾，甚至变成仇恨。

不要在别人面前装出一副冷漠的神情。冷漠地对待别人，别人会以为你瞧不起他。如果周围的人诚恳地向你征求意见或诉说苦闷，你却显出一副事不关己、不感兴趣的样子，即使你心里并没有不尊重对方的意思，可你的行为已经伤了对方的心。

对待周围的人要宽容。别人一不小心得罪了你，并再三向你道歉，你却四处抱怨，不依不饶，结果只会导致你们之间的关系越来越疏远，最终失去一个朋友或可能成为你朋友的人。

声望与名誉要用来回报他人和社会

把有限的精力和财力用到身边需要的人身上，有一分光，发一分热，整个世界就会温暖一些。

人是社会的动物，他的名誉和地位是社会给的，他的财富是在社会流通中获得的，功成名就之后回馈社会是理所应当的选择。

道理很简单，做起来就不那么简单了。有这样一个故事。

一位富翁忧心忡忡地来到教堂祈祷之后，他去请教牧师。“我虽然有了金钱，但我感觉我并不幸福，我甚至不知道应该用我的金钱做些什么，它能买来欢乐和幸福吗？”牧师让他站在窗前，看外面的街道，问他看到了什么，富翁说：“来来往往的人群，多么美妙啊！”牧师又把一面很大的镜子放在他面前，问他看到了什么，他说：“我看到了自己，我很沉闷。”牧师道：“是啊，窗户和镜子都是玻璃制作的，不同的是镜子下镀了一层银粉，单纯的玻璃让你看到了别人，也看到了美丽的世界，没有什么阻拦你的视线，而镀上银粉的玻璃只能让你看到自己，是金钱阻拦了你心灵的眼睛，你守着财富，像守着一个封闭的世界。”

人的心灵窗子是自己打开的，开放的心灵能够看到整个人类和世界，封闭的心灵走不出一间屋子。

奥黛丽·赫本的第二次婚姻，与多蒂的结合使她息影7年。1976年，不安于贤妻良母生活的赫本终于重返影坛。人们没有忘记她，影坛也没有忘记她，赫本所到之处都受到热烈欢迎。然而，她重返影坛后所拍的4部影片均不太受欢迎。进入20世纪70年代以来，欧美的妇女解放运动日趋高涨，不少女演员成功地塑造了这种新女性的形象，很受欢迎。相比之下，赫本复出后仍然跳不出天真无邪、活泼善良的女性形象，这就不能不给人一种落伍、怀旧的感觉，令人感到哀叹、惋惜。

天使也是凡人，这种落差在赫本心中也留下阴影，曾有一段时间，她找不到自己的寄托和存在的意义。1988年，赫本担任联合国儿童基金会亲善大使。她开始致力募捐慰问活动，足迹遍及埃塞俄比亚、苏丹、萨尔瓦多、危地马拉、洪都拉斯、委内瑞拉、厄瓜多尔、孟加拉等亚非拉许多国家，受到当地人民的广泛爱戴和欢迎。1992年底，她还以重病之躯赴索马里看望因饥饿而面临死亡的儿童。她的爱心与人格犹如她的影片一样灿烂。

毋庸置疑，这是她一生最伟大的成就。赫本认为："这不能算是牺牲。因为牺牲是指为不愿意得到的东西而放弃心爱的东西。所以这不是牺牲，而是我收到的礼物。"

"不管你被赋予什么特殊品质，都会引起人们的好奇，比如说我的名声——人们希望见到我。我就是利用人们的这种好奇心帮助那些孩子们的。"

当自己的名声可以转化为帮助别人的能量时，赫本找到了心灵的归宿，这是她的仁慈，也是她的幸福。

赫本给我们的启示是，慈善并不仅仅是一种胸怀和观念，它需要每个人去身体力行。或许作为一个平凡的女人，今天你的力量还很弱小，但你可以把有限的精力和财力用到身边需要的人身上，有一分光，发一分热，整个世界就会温暖一些。关于对慈善的理解，西方有一个故事做了很好的诠释。

弗雷泽匆匆地赶路，他手持哈佛大学社会学系毕业生的文凭，去一家慈善机构应聘。路上，弗雷泽在一家烧烤店门口停了下来。这家烧烤店正要宰一只活生生的羊，店主为了标榜新鲜，招揽顾客，把屠宰的地点选在了烧烤店的门口。

弗雷泽经过时，刀锋正逼近羊的脖子，许多围观的人尖声地叫了起来。正当刀锋要轻吻小羊幼嫩的肌肤时，弗雷泽看了看表，犹豫了一会儿，最终做出了选择。他挤进人群，走到店主的面前，做店主的思想工作。店主微微一笑："我宰我的羊，与你何干？再说，我不宰这只羊，会宰另一只羊，你不可能救下天下所有的羊。"

无奈，弗雷泽挤出圈外匆匆赶路。快接近慈善中心的那栋大楼时，一个流浪汉拦住他，想跟他说点什么。弗雷泽看一看表，早过了约定的时间。弗雷泽心急如焚地把流浪汉推开。慈善机构的负责人，谢顶的约翰逊先生，坐在沙发上，显然有些不满。弗雷泽慷慨陈词，描述自己如何想救一只羊。约翰逊先生更为不满："年轻人，你忽略了另外一个细节，你在门口不耐烦地打发了一个流浪汉。"

约翰逊让弗雷泽走过去，一扇很大的落地窗户，窗外的一切尽收眼底，包括对面的烧烤店和大楼门前的那条街。不过，弗雷泽不明白自己所做有何不妥，毕竟，一只羊正面临着刀锋，是生存问题，而流浪汉面临饥渴，是生活问题。约翰逊先生说，有些苦难是注定无法改变的，比如羊注定是会让人吃的，这你无须试图去改变。有些苦难是可以改变的，比如一个流浪汉的居住和饮食问题，去关心一下就会有所改变。

"你无法改变天下的羊被屠宰的命运，但是你可以改变一个人的生活境况。"约翰逊先生说，"我每天站在窗前看对面的烧烤店，一群群围观的人徒劳无益地叹息，然后走开，犹如一场场激情的道德表演，结果是没有人能救下一只羊。而可以改变的苦难，只需要伸手到口袋里去掏一枚硬币，却没有人暗地里悄悄地去做。"

"没有人能救下一只羊，没有人不可以改变另一个人的生活？"弗雷泽喃喃自语。

约翰逊先生攀着弗雷泽的双肩说：“默默注视，去发现那些习以为常或视而不见却可以改变的苦难，相信这种眼光能改变一切。”

不论是东方的仁爱还是西方的慈善，都只有落到实处时才有意义。我国民间历来有“救急不救穷”之说，就是对这种观点的另一种补充。所以“我帮不了所有的人”或者“我一己之力改变不了这种现象”都是借口，面对那些需要帮助的人，首先想到的应该是在目前的条件下能做些什么。

与其坐在椅子上空想救助世人的大道，不如走出门去，日行一善。

女人的美不在外在，而在内心

社交需要技巧，但以心换心才是必要的前提。一个真诚的女人更容易博得众人的好感。

当你想要和一个人交往的时候，多半首先想到的是这个人诚实与否。女人细腻的感情和害怕受欺骗的心理使她们更希望结交诚实的人。然而，一切事情都是以心换心的，即你付出了真诚，对方才会真诚地待你。所以作为聪明女性的你，不妨在他人面前把自己真诚的一面表现出来。一个真诚的女性是值得让人尊重和欣赏的，在交往中，别人可能正是因为你的这一特性，才决定与你成为至交，或正因为此，你才能在事业上一路畅通。

一位和奥黛丽·赫本合作过的圈中人，讲过下面这样一件事，从中可以看到赫本那种毫无矫饰的真诚性情。

“我和赫本都赞同她在这一幕中穿黑色紧身裤、黑毛衣和黑皮鞋。我希望她穿白色的袜子，她却大为惊讶，并表示反对：‘坚决不行。这就破坏了整个黑色的风格，而且分明地突出了我的双脚。’我说：‘如果你不穿白色袜子，整个人就消失在背景中了。’她听后大哭着跑进了化妆间。过了一会儿，她镇静地穿上了白袜子，回到现场，没有一句怨言地开始了拍摄。

“事后，当她看到了拍摄效果，给了我一张便条，写道：‘对于袜子颜色的选择，你是正确的。爱你的赫本。’”

真诚的人是让人信任的，一个真诚的女人更容易博得众人的好感。女人会因为真诚而美丽，善解人意、真诚的女人会有更多的人喜欢与之交往，因为她值得依赖。

现任美国总统奥巴马的夫人米歇尔是位个性健康的明亮女人，真挚而诚恳，从不矫情、造作。一般选民会觉得希拉里离自己很远，这也是奥巴马的竞争者克里和戈尔等人的政治宿命，他们都给人疏远感，也让选民厌倦。这种感觉说好听一点是“远”，说难听一点是“假”。而与太太情趣相投的奥巴马给人的感觉是那么真实而亲近。当然，这与他太太的感性影响与渲染有关，她是第一个爆料自己丈夫不会整理床铺的第一夫人，这些小细节为奥巴马平添了几分人情味。米歇尔基本不谈政策纲领，而是打人性牌，大谈奥巴马睡觉鼾声大、早上起床时口臭令女儿不敢接近等趣事。即使夫妻一起上电视做节目，也是可以谈笑风生，彼此打趣，不时自然而然地显露出很淳朴单纯的一面。总之，他们尽显“不装”的率真一面。奥巴马是理性与感性的统一，他既有很强的感染力，也有很强的自控能力，奥巴马所说的“人话”，几乎听不到八股文的味道。最重要的是，他与夫人一样没有故意掩饰自己，或故作神秘状。记者问获胜后太太说了什么，奥巴马幽默地说："她说：'那你明早上还送女儿上学去不啊？'"第一夫人大笑："我没说，我可没这么说啊！"夫妇俩眼神里交流的是真挚的感情，默契而生动。

你越真诚，别人就会越喜欢和你交朋友。你与他人的关系越亲密，你们之间的感情就越深厚。真诚地付出关怀真的能敛聚很多人气。

真诚是要付出行动的，而不是嘴上说说而已。好听的话每个人都会说，看一个人真实与否，最重要的是看她为人处世的态度。一个人的行动往往能表现出她的内心，所以一切伪装总有被别人看穿的时候，与其那样，不妨拿出一颗真心去换取别人的信任。

付出真诚并不是很难，最基本的是做到以下几点。

说话不要拐弯抹角

在和朋友交流的过程中，即使你和对方的看法不一样，也不要隐瞒和矫饰，更不要随声附和，或者拐弯抹角。因为这样不仅不利于和对方顺畅地沟通，还会给人不诚实和生分的感觉。

纵然是在指出朋友缺点和批评朋友过失的时候，也应该真诚而明白地指出来，这样不仅不会伤害对方的感情，反而有助于增进友谊和加深关系。

赞美但不要奉承

当朋友事业有成或者有什么高兴事时，在适当的场合和时间给予真心诚意的祝福和赞美，并与之共同分享快乐，但是千万不要认为所有的好听话都会受到欢迎。其实，一个人真正想从朋友那里得到的是善意的忠告和警戒，而不是华而不实的恭维话。很多人就是从别人说的话中来判断是否和对方成为朋友的。

站在别人的角度思考

不要只想着从别人那里得到关怀，应该多为别人考虑。在你说一句话、做一个决定、做一件事情的时候，尽量站在别人的角度思考一下，顾及别人的感受，衡量别人的得失。只有这样，你才不会伤害到别人，别人也会因此对你心怀感激，把你当作好朋友。维也纳心理学家爱佛瑞·艾德纳，在其所著的《人生真义》一书中就曾说过："只有不懂得关怀别人的人，其生活才会面临真正的痛苦，甚至伤及他人。人类之所以充满失败，正是由这些人所造成的。"

如果你希望别人喜欢你，就必须真诚地付出你的关怀。社交需要技巧，但以心换心才是必要的前提，尤其是对于女性朋友，一个真诚的、善良的女人，即使偶尔会出一些小小的差错，在别人眼里她依然是美丽的。

女人要学会说温暖的言语

说好意的言语，第一层意思是要说真话，不夸张，不伪饰；另一层意义，是对于他人的不幸感同身受，给人以亲切的安慰和鼓励。

奥黛丽·赫本有句名言：要有吸引人的双唇，请说好意的言语。

赫本是这么说的，也是这么做的。巴里·帕里斯是赫本生前最后一位传记作者，可能也是最负责的，**他在前言中写道："没有哪个电影演员像她这般令人尊敬，自身充满灵感，又能够激发身边的人。她与人为善，每个人都爱戴她，从没有人说过她一句坏话。她没有留下骇人的秘密，媒体从来也没有机会曝光她的丑闻。在她和蔼热情的外表下，是一颗更加和蔼热情的心。"**

说好意的言语，第一层意思是要说真话，不夸张，不伪饰，力求还原事情的本来面目。奥黛丽·赫本的第一任丈夫梅尔·费勒，常常被人传为一个大男子主义的专制者，在一次采访中，赫本澄清了事实。

当新婚的奥黛丽·赫本和梅尔·费勒合演《战争与和平》时，关于她的谣言就开始传播。梅尔·费勒要求奥黛丽·赫本选择利于他事业的影片，而奥黛丽·赫本的母亲竟然也对此将信将疑。

为梅尔辩解是赫本第一次不得不面对盛名之下的负面影响。她曾说："人们怎么能说梅尔左右我的意志，决定我出演什么影片，与谁合作或到什么地方去呢？这种传言让我恼火。我心里清楚他的决定是正确的，而且他不喜欢在我没有请求帮助的情况下指手画脚。

"当得知要出演同一部影片后，我和梅尔都为能够一起合作而感到兴奋不已。谁想到就是从那时候起，我们就被送到了被告的位置。一对有着相同志趣和事业的夫妇竟然要为出演同一部影片而做出辩解，这是多荒谬的事啊？

"他对我的指导和呵护完全是出于正常的反应。这是一个男人、一个丈夫应该做出的反应。他并不是个用催眠术控制妻子的人。

"只要故事是真实的，我就不在乎人们怎么描述我。"

说好意的言语还有一层意义，那就是对于他人的不幸感同身受，给人以亲切的安慰和鼓励。人生的道路崎岖不平，逆境往往多于顺境，人们往往要面临一些突如其来的不幸。身处逆境，面对不幸，当事人不仅需要自我调节，坚强起来，战胜不幸，也迫切需要别人的安慰。一份痛苦两个人分担就会变成半份痛苦，亲切的安慰如雪中送炭，能给不幸者以温暖、光明和力量。

这种好意的言语不仅要用嘴唇去说，而且要用你的心灵、你的行动去表达。

面对他人的不幸遭遇，我们自然可以表现出同情的态度，对其进行泛泛的安慰，但是这些话正在悲伤之中的人能否听得进去还是个问题。据心理学家分析，

“我同情你”“我理解你的感受”等不痛不痒的话语很容易激起听者心中的酸楚和愤怒，他们会想：“你不是我，怎么能知道我的感觉呢？”在这种情况下，世界对他们来说依然是封闭的，感受不到其中的温暖。所以说将心比心是非常重要的，也就是说，我们要站在接受关怀的人的角度去看问题。

英国著名的芭蕾舞童星埃利，只有12岁就不幸由于骨癌准备截肢。手术前，埃利的亲朋好友包括她的观众都闻讯赶来探望。有人说：“别难过，没准奇迹会出现，还有机会慢慢站起来呢。”有人说：“你是个坚强的孩子，一定要挺住，我们都在为你祈祷！”埃利一言不发，默默地向所有人微笑致谢。

她很想见到戴安娜王妃，她优美的舞姿曾得到戴妃的赞美，戴妃夸她像“一只洁白的小天鹅”。

戴安娜王妃终于在百忙中赶来了。她把埃利搂进怀里说：“好孩子，我知道你一定很伤心，痛痛快快地哭吧，哭够了再说。”埃利一下子泪如泉涌。自从得了病，什么安慰的话都有人说了，就是没有人说过这样的话，埃利觉得最能体贴理解她的就是这样的话！

戴安娜虽出身富家，却没受过什么高等教育，她经常说自己笨得像牛，智商不高。但这个故事让我们相信她的情商一定很高，这种独有的天赋让她的形象在人们心中永远那么慈善温柔，颇具亲和力，无人能够替代。

安慰是一种艺术，有时候一句话、一个动作就够了。安慰就是要让对方感到你对她的关心和支持，要让她有归宿感、安全感。如轻轻地握握对方的手，给对方一个深情的拥抱。

女性朋友在目睹别人的伤痛时，一方面要允许他们发泄出来，另一方面可以陪着一起流泪。在朋友无法清晰表达时，千万不要急着追问。你应该在听完倾诉后说：“我虽然不知道发生了什么，也不知道应该怎么说，但我真的很关心你。”当我们给对方传递了这样的信息时，也体现了对对方伤痛的尊重，并随时

准备帮助他们。同时，也增加了对方战胜伤痛的信心。

让我们记住赫本的话，“请说好意的言语”，不说假话，不出恶声，让自己的生活清爽起来、温暖起来。

别自私，学会关爱他人

慈悲是世界上最高尚的事业。对于那些奉献爱的个人来说，它是心灵之中最充实的安慰。

现代人物质丰富，衣食无忧，可是快乐的人并不是很多。因为人与人之间关系的冷漠，空虚忧郁时常充塞着我们的心怀。那么，拯救心灵的秘方究竟在哪里呢？

奥黛丽·赫本有一项非常有趣的记录，她从没有看过心理医生。

一位叫史塔勒的医生对此产生了兴趣，因为他常在半夜接到一些著名主持人和影视明星的电话，要求他给予心理上的帮助。史塔勒作为心理学家，对于大多数人的问题都能迎刃而解，但对于有些人的问题，他也一筹莫展。这些人多是些大腕，要么片酬在千万美元以上，要么出场费达百万美元之巨，他们衣食无虑，崇拜者如云，是一群世界上最幸运的人。

史塔勒获知赫本的记录之后，好像在黑暗中发现了一抹曙光，决心深入研究一下。他想，说不定从她那儿就可以找到突破口。

史塔勒翻出20世纪60年代的报纸，找出有关赫本的所有报道。他发现赫本曾做过67次亲善大使，尤其是1956年至1963年间，她几乎每月都到码头、监狱、黑人社区做义工。有一次，她甚至拒绝贝尔公司每小时5万美元的庆典邀请，去医院给一位小男孩做护理服务。总之，赫本非常乐于做无报酬的慈善工作。

史塔勒对这一发现非常重视，他认为这里面肯定蕴藏着心理学方面的某种东西。为了能得出一个圆满的答案，他推而广之，对其他乐于公益事业的名人、富翁进行研究。最后，他发现这些人很少有怪僻及其他不良记录，他们同赫本一样，几乎没有看过心理医生。

后来，他把他的发现应用到那一批特殊病人身上。好多人接受过医疗或忠告后，一扫过去的阴霾，变得乐观起来。有一段时间，好莱坞甚至掀起了一个争做联合国亲善大使的热潮——他们争着去非洲的索马里，去科索沃的难民营，因为他们在慈善行动中发现世界上存在着这么一条公理：当一个人付出的劳动没有得到金钱和物质的回报时，则可以得到精神愉悦。

奥黛丽·赫本担任联合国的亲善大使时已经厌倦了名利，她是本着真诚的爱心去帮助苦难中的人们的。1987年10月，赫本在澳门参加了一个为联合国儿童基金会募捐的音乐会。赫本在音乐会开始前的庆典上做了演讲，她对孩子们发自肺腑的爱深深打动了当时联合国儿童基金会的高级总裁詹姆斯·格兰特，格兰特先生当即向赫本发出邀请，希望她能够担任联合国儿童基金会的亲善大使。赫本接受了这个邀请，从格兰特先生那里领取了象征性的1美元薪水。1988年4月，赫本开始了她作为亲善大使后的第一次访问，第一站就是非洲的埃塞俄比亚。

对于自己这项最后的事业，赫本倾注了全部感情，她说：“我来到叛乱频仍的国家，看到一个母亲和孩子为了寻找食物徒步行了10天甚至3个星期。他们坐在临时帐篷的空地上，很可能就在某时死去，太可怕了，这一幕对我的触动非常大。我并不喜欢‘第三世界’这个称呼，因为我认为我们都属于同一个世界。”

“到底有没有解决方法？我们要相信，方法一定能找到。我沉思了很久，清楚地认识到我的工作并不是要解决所有问题，而是帮助基金会拯救孩子们，这才是最重要的。我们希望孩子们能健康地长大，成为有作为的公民，他们是改变世界的力量。”

赫本发起奥黛丽·赫本纪念基金会。赫本过世后，她的长子肖恩·奥黛丽·费勒撰写的关于赫本生前事迹的书，版权收入归基金会所有，人们依然可以通过买书为解救贫困与苦难中的孩子献上自己的力量。

饥荒疾病、气候变化、战争遗孤、退伍伤兵……简而言之，所有能引起人们恻隐之心的国际问题，温婉的女性特质都有用武之处。

如果问“生活中什么是最重要的？”你也许会回答“工作”，也许会回答“亲人”……可是你忘了内心深处的声音“快乐”，没有快乐，所有的一切对我们来说都毫无用处。快乐和金钱不一样，它不是一种可以赚得到的物质，它只是一种心态、一种感觉。

慈悲是世界上最高尚的事业，往大了说，它是取之于社会，回报于社会，维系着人与人之间的和谐。对于那些奉献爱的个人来说，它是心灵之中最充实的安慰。

女人的爱心是品位的最高境界，温暖了这个世界的同时也温暖了自己，你是付出者，同样也在这种付出中受益。

要像一个慈祥的母亲去关怀每一个孩子

人类的责任是帮助世界各地受苦的孩子们，其他事情都是微不足道或华而不实的。

当奥黛丽·赫本还是个小女孩的时候，她就非常喜欢孩子。她曾经说：“我从小就喜欢小孩子，喜欢亲近他们，也许这是我与生俱来的。我曾经在农贸市场里试图把别人家的孩子抱出婴儿车，弄得我母亲非常尴尬。我生命中的梦想之一就是拥有自己的孩子，我现在拥有两个出色的儿子，这让我很幸福。人们不仅有被爱的需要，同时也有付出爱的冲动，这也是一种需要。”

如果说母亲爱自己的孩子还是出于本能，后来，赫本又把这种爱的本能发扬光大，她爱上了全世界的孩子，不分地域，不分种族。

在赫本担任联合国亲善大使期间有许多感人的故事。

在索马里的赤土上，满眼皆是村落、临时的帐篷和住房，周围的土地像此起彼伏的波浪虎视眈眈。随行人员告诉赫本，这都是坟墓。只要有道路的地方，到处都有坟墓，河边、帐篷旁，比比皆是。即使活着的人也气若游丝，行同幻影。**赫本说：“任何媒体的报道都不足以削弱那里的人民苦苦挣扎对我的震撼。我看到无数柔弱无力、骨瘦如柴的孩童，他们坐在树下等待有人给他们送来食物。很多孩子病得奄奄一息。我永远也无法忘却孩子们的大眼睛和瘦小的脸庞，还有那可怕的沉寂。”**

在埃塞俄比亚这个全世界最贫困的国家中，四分之一的孩子在5岁之前就夭折了。拥挤不堪的难民营里存活下来的人也严重营养不良，很多人由于缺乏维生素A而失明。

在其中一个难民营中，赫本看到一个小女孩孤独地站立在一旁。她走上前去，问她长大了想做什么，小女孩简单地答道：“活下来。”

在孟加拉国，赫本向孩子们微笑，其中有一些孩子上前挽她的胳膊，握她的手。就在人群的前方，有一个小姑娘独自坐在一棵椰子树的树阴下，她引起了赫本的注意。赫本走上前去，蹲下身子问道：“你为什么不加入他们的队伍呢？”小姑娘睁大了纯真的眼睛，但是没有说话。赫本抱起这个孩子，发现她的双腿由于小儿麻痹症残废了，无力地下垂。赫本抱着孩子走向人群，眼中饱含泪水。

赫本感到人类的责任是帮助世界各地受苦的孩子们，其他事情都是微不足道或华而不实的。

在救助这些孩子的过程中，赫本爱上了这些孩子，她以一个母亲的胸怀感受着他们的苦与痛。一天，有人对赫本说：“你知道，你现在做的工作是毫无意义的。世界上就是有人受苦，一直就存在着苦难。你解救了孩子等于是延长了他们的痛苦。”赫本毫不犹豫地回答道：“是，好，就从你的孙子身上开始吧，如果他得了肺炎，不要给他买抗生素；如果发生了车祸，不要把他送到医院。如果你这样想，就是与生命作对，与人类作对。”

在赫本眼里，人与人是平等的，在这个世界每个人都享有同等的权利。

名人做慈善很容易被人误会为作秀，但同时人心也是容易感动的，你是不是投入了真情，人们也都看在眼里，记在心上。

英国王妃戴安娜的香消玉殒让全世界的人民都为之伤悲。当然，我们可以说是她尊贵的地位和美丽的容颜以及追求自由的个性决定了她能获得如此殊荣，但是，她的善良是让她成为英伦永不凋谢的玫瑰的最根本原因。

她曾担任联合国扫雷大使，亲自参加扫雷行动，并且多次把因踩中地雷而变成残疾的孩子拥入怀中。她经常向老年人慈善基金组织捐款，并且多次去探望孤苦无依的老人。她甚至毫无顾忌地把艾滋病患者紧紧抱在胸前，眼睛里闪烁的泪水令人为之动容。正是这样的善良与爱心让这位美艳绝伦的玫瑰永远绽放在人们的心中，散发着永久的魅力。

慈悲的行为能立即创造令人感动的品性，这些善行在你和他人之间搭起了沟通的心桥，你们的爱从此有了交流的通道。

只要你愿意，每天都有成千上万个机会让你行善。公路上随时会有车子等着换入你的车道。电梯外随时会有人冲过来，想赶上这一趟。总会有人走路时不小心掉了东西，需要你帮他捡起来。你的孩子需要你对他们说："你是最特别的一个。"你的伴侣需要知道他拥有你的爱。你还可以花一两分钟拨通电话告诉朋友你很珍惜他们。还有好多小猫、小狗渴望有人抱抱它们，搔搔它们的背，亲亲它们。给路上擦肩而过的陌生人一个微笑，好让他们知道他们不是隐形人。

谦和退让，把爱传递给他人

谦让不是把自己想得很糟，而是完全不想自己。以公平的态度真诚地对待每一个人。

人人都有私心，在名利面前，能自觉"推"和"让"的人很少，倒是抓住不放的例子随处可见。

在亚洲的一些偏远地区，为捕捉到猴子，猎人会在丛林的地面上绑上一个小柳条笼子。笼子的口很小，仅仅允许猴子空着手伸进去并抽出来。

猎人在笼子里放上一两根香蕉，当猴子看见时就会把手伸进去取香蕉，但是当它手上拿着香蕉时，手就抽不出来了。

于是，猴子就很容易被猎人捕获。

人没有什么不同——人们紧紧地抓住其情感香蕉，不肯松手，感到失去了它们就会受到威胁。

常见的情感香蕉包括对身份地位的渴望、需要得到他人的爱和尊重、控制欲的需要、对得到承认的渴望、对不舒适的逃避等。

当我们告诉自己，是的，你给我这些，我愿意收下，但是我并非必须拥有它，这样我们就重新获得了对“香蕉”的控制力。解决冲突就这么简单。退后一步，缓解了交往中的紧张气氛，协调了双方的情感，因而有了成功的沟通。

奥黛丽·赫本的人品和艺德也是为圈中人物和广大影迷所称赞的。

在拍摄《窈窕淑女》时，来自英国的歌舞演员朱莉·安德鲁丝在百老汇主演了根据萧伯纳的《卖花女》一剧改编的《窈窕淑女》，十分走红。华纳兄弟公司见有利可图，创纪录地花了550万美元买下了该片的拍摄权。但老板华纳觉得安德鲁丝名气不大，决定换成赫本主演卖花女艾丽莎，他们认为，仅凭赫本这个名字就足以使这部电影成功。凑巧的是，安德鲁丝应迪斯尼影片公司之邀主演《欢乐满人间》。两部影片都获得巨大成功。但在1964年度评选奥斯卡奖时，安德鲁丝获得最佳女主角，《窈窕淑女》一片也获得奥斯卡史上少有的最佳影片等8项奖，而在其中作为顶梁柱的赫本却连提名都没有。个中原因有二，一是投票者们认为片中歌曲是别人配唱的，用别人的歌声来为自己配音是赫本的欺骗行为，其实赫本在自己主唱上是尽了最大努力的，他们不了解实情；二是电影界人士对在舞台上成功扮演艾丽莎的朱莉·安德鲁丝未被起用感到愤慨。这个消息虽然使赫本感到震惊，但她觉得这些决定是公平的，虽然观众和影视界评论界对《窈窕淑女》反应很好，但她认为自己在片中的表演不尽如人意。赫本影迷们对此却愤愤不平，连安德鲁丝也公开表示："赫本应当获提名。"颁奖单位学院为缓和众怒，让赫本主颁本届最佳男主角奖，而该奖获得者就是在《窈窕淑女》中与赫本合作的男主角扮演者哈里森。赫本对此并未耿耿于怀，她表现得大度、自信和愉快，并千里迢迢专程从欧洲拍片现场赶来颁奖，还向安德鲁丝表示祝贺，甚至事后给她送去一大束鲜花。**在颁奖仪式上，几乎每一位《窈窕淑女》的获奖者都在领奖时说："我要感谢奥黛丽·赫本的精彩表演。"**

谦让主要在于一个"让"字，因为知道自己的学问、胸襟、思想、见识还有不满意的地方，所以就真诚地欢迎外来的交流。

谦让并不是虚假傲慢而妄自尊大，也不是自我贬低而卑躬屈膝。谦虚就是接受有关我们自己的事实，在我们对自己的看法中求得平衡。

谦让是一个人气度的表现。王朔的《我看金庸》一文是对金庸小说进行猛烈攻击的第一篇文章，但金庸对此没有拍案而起，也没有竭力争辩，更没有反唇相讥，他只是心平气和地说："王朔先生的批评，或许要求得太多了些，是我能力所做不到的，限于才力，那是无可奈何的了。我与王朔先生从未见过面，将来如到北京待一段的时候，希望能通过朋友介绍而和他相识。"

不指责对方的言过其实，反承认自己才力有限，且向对方伸出热情之手，希望与对方交朋友。在这里，金庸不仅做到了以诚待人，也做到了以礼待人。金庸此番话犹如播种分币却收获了大额钞票——王朔闻听此言大受感动，坦言："比起金庸来，的确让我惭愧。"

对于金庸对王朔指责的反应，很多旁观者都认为太软弱了些。他们认为，金庸可以选择的方式是很多的，他可以提笔应战，以自己的博大精深反衬王朔痞子式的浅薄，也可以置若罔闻，表示"我和你不是一个水平线上的人"。但是金庸认认真真回应了，尊重对手，按规则办事，也许看起来不够犀利爽快，但也表现了他谦虚开明的大家风范。

美国心理学家卢维斯指出，谦让不是把自己想得很糟，而是完全不想自己，以公平的态度真诚地对待每一个人。

自负缘于对个人的过度自信，它是自信心理的恶性膨胀。自信的人往往盲目乐观，对眼前的困难和危险估计不足，对任何事情都满不在乎、粗心大意，所以这种人做任何事情都很难成功，而且因为他们过于自负，轻视别人，很难获得别人的好感，所以也很难和人相处。

在工作和生活中，如果不能正确地评价自己和别人，看自己只能看到优点，看别人只能看到缺点，这样就会产生自负心理。为了防止这种自我膨胀，要用过去失败的经历来告诫自己，试着让自己过于骄傲的情绪冷却下来，以平静的心态去面对身边的每一个人。

第八章

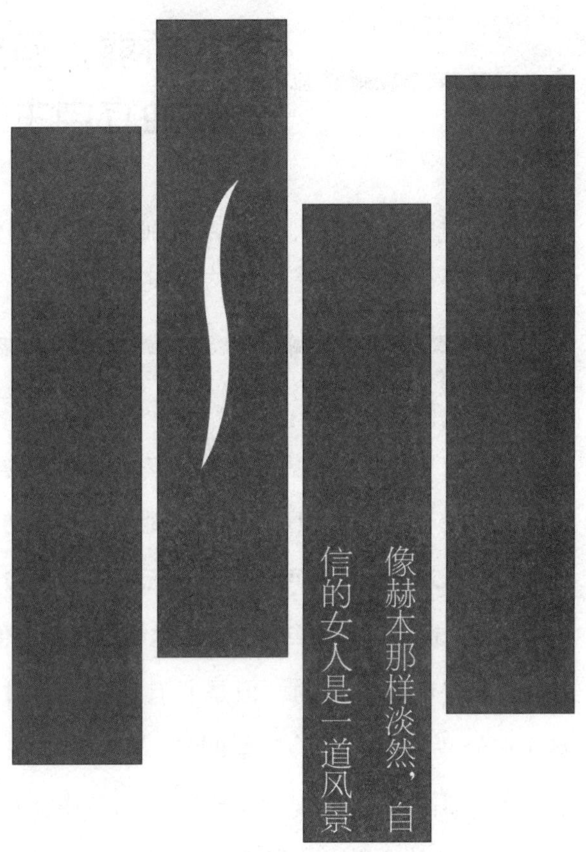

奥黛丽·赫本初涉银幕时，凯瑟琳·赫本已经是一名颇有声望的女演员了。电影公司不知道好莱坞能否容得下两个赫本。奥黛丽·赫本当即回答：“如果你选择我，也要接受我的名字。”

——20世纪50年代好莱坞逸闻

女人娇弱，但要有一颗独立自主的心

对于一个女人来说，看到自己的长远利益而做出正确的选择，才是获得成功的关键。

对于成功，有着贵族般优雅与孩童般纯真的奥黛丽·赫本不是激进派，但是她从来也没有停止过自己的脚步。**她说：“我初涉银幕时并不是一名演员，而是一个舞者。对于银幕我可以说是毫无经验，只知道如何努力工作。因为芭蕾舞是一项艰苦的运动，需要自我约束。这就是我可以借鉴的东西。**

“我是极其幸运的，但是所有的成功并非在一夜之间酿成。我曾经和妈妈住在伦敦的陋室中，整整8年我都过着拮据的生活，默默无闻，整日奔波于各种舞蹈表演、电视和电影的小角色中。虽然我的表演机会很少，也没有受过什么训练或准备，但在那奇迹般的两个小时发生前，我已经辛勤耕耘了多年。

“我就这样被推上了银幕。名不见经传，紧张不安，缺乏经验，骨瘦如柴。我的成功是依靠勤奋工作，成功的秘诀就是朝着一个目标奋斗，义无反顾。”

有句话叫作“下等人认命，中等人知命，上等人造命”，每个女人会得到怎样的生活和命运，不靠生辰八字，不靠出身背景，种什么样的因，就会结什么样的果。

有很多年轻的女孩也是努力工作、认真生活，按说应该得到命运好的回馈了，但是她们只是日复一日地奔波劳碌着，从单纯可爱的美少女慢慢变成了皮肤粗糙、眼神疲惫的中年女性，却依然是拿自己的时间和精力换生活，没有什么属于自己的东西可以牢牢地抓在手心里。

她们的错误在于眼光只看到身边一点点大的地方，为饥饿而吃饭，为漂亮而穿衣，为了感觉而恋爱，为了薪水而工作。在许多人生的关键期都糊里糊涂地过去了。

对于一个女人来说，拥有一个聪慧的头脑，看到自己的长远利益而做出正确的选择，才是获得成功的关键。

差不多每个女性都是有几个闺密的。未婚女孩有同学和死党，太太们有她们的“太太帮”，闲暇无事，大家在一起逛逛街、喝喝茶，骂几句男人或者上司，既是一种交流，也是一种放松。闺密的好处不少，但是女孩们这种爱扎堆儿的习惯也有些负面影响，女性的缺点是虚荣心和攀比之心太强盛，人家有的自己没有，站在一起就矮了半截，无论如何也要追回来。这样一来，她们就很容易把别人的理想当成自己的样板，把社会上风行的东西当成自己的目标，每天总是忙、忙、忙，却很难把真正有用的东西抓在手心里。

有很多女孩，从考证、办驾照到炒股、健身、泡酒吧、淘古董，样样事都少不了她。她知道社会上的热点是什么，却不知自己的目标和爱好是什么，大部分的时间都处于追逐的过程中，越是劳心劳力，越是浮躁空虚。追着别人的脚印走，永远是一个落后者，而那些聪明的女孩也要做很多事，但她们懂得轻重缓急，能很好地控制生活的节奏。

英国前首相夫人切丽·布莱尔自小在经济状况并不好的家庭长大，她早早明白只有奋斗才能改变人生，她从小就以成绩突出而成为家庭的骄傲。“我喜欢成功的滋味，所以我一直很努力地学习。我对自己的要求很严格。”年仅20岁时，切丽就以第一名的成绩从伦敦经济学院法律系毕业，开始攻读法学硕士学位。那是1974年，年轻女孩们都在嬉皮运动中穿上皮靴、涂好指甲恣意狂欢，而此时的切丽正在抓紧午休时间咬着三明治刻苦读书。

“你知道吗？托尼·布莱尔很喜欢你。”朋友告诉她。全优生的切丽并不以为意，她面前是厚厚的诉讼律师复习资料，她知道只要付出比别人多出几倍的努力，她的律师之梦就在不远处等待着她。当时她不知道，那个叫作托尼·布莱尔的帅小伙原来竟是她的“真命天子”。

对于严格自律的女孩，命运始终都会给她垂青和厚爱，切丽成了英国顶尖律师之一，而托尼·布莱尔——日后的英国首相，也没有被别的女孩抢走。

有了明确的目标、周详的计划，我们就会知道什么是当前要抓紧完成的，什么是绝对不应该做的，就不会糊里糊涂去做一些本来不应该做的事，最后不仅耽误了时间，浪费了精力，还可能搅乱了正常的生活秩序，甚至产生一些严重的不良后果。

追求成功的女人，大方向要明确，在日常小事上也不能太盲目，社会上热点总在变化，潮流总在翻新，想让自己样样不落后，结果只能疲于奔命，到头来把自己的优势也丢掉了。

世上的路有很多条，适合别人的不一定也适合你。有人在这条道路上获益，不等于你照方抓药也一定有收获，同样，有人在这条路上碰了壁，也不一定就代表着“此路不通”。在选择自己的道路时，不妨先顺着这样的思路考虑一下：目前，我最大的资本是什么，我的优势在哪里，怎么做才能使它们得到最大限度的发挥？

女人的成功在于懂得什么是对自己最重要的东西。要树立起这样的观念：第一，做好自己的事，把事业当成生活的总纲，用它带动自己的物质生活和感情生活；第二，做事业要做长线，把收益放到大的长远的环境里衡量，先扎下根，再收获它的成果。

工作上的出色表现会让你更自信

要靠能力谋生而不是靠美色谋生。女人在工作中没有自己的一技之长，是很危险的事。

在我们的传统里，中国女性一向以温柔、顺从、勤劳、忍耐为美德。但是这样的性格只适合在家里相夫教子，对于在社会上打拼，自己赚钱买花戴的现代女人就有些不合时宜了。尤其是那些期望靠自己的力量得到升迁和财富的女人，应当充分发掘出自己个性中勇于进取和承担责任的一面来获得社会对你的职业水平的认同。最终衡量一个人价值的还是成就和业绩。

尽管奥黛丽·赫本总是强调自己只是偶然闯进演员这个行当的，没有受过专业训练，完全凭着感觉演戏，但是不得不承认，她有着天才般的领悟力和表现力，她的演技无愧于世人给她的荣誉和崇拜。

导演彼得·博格达诺维奇说：“我从没见过有人像赫本那样能在镜头面前拥有如此多变的形象。如果在现实生活中，你一定会想：‘她怎么能熬过每一天或每一个小时的？’在镜头之外，她双手颤抖，拼命抽烟，焦虑万分，对人和善，又脆弱无助。但是一旦开始拍摄，当她进入镜头之后，奇迹就发生了。她精神焕

发，神采飞扬，从她瘦弱的身躯中迸发出一种力量，就像一只铁蝴蝶。她的表演强劲有力，明朗清晰，举手投足之间都流露出一种专业素养，毫无雕砌之感，似乎表演的是她的第二天性。”

女性在职场中，首先要找到自己的坐标，也就是说对自己的定位是什么，职业生涯的长远规划又是什么。这个话题太广泛，其中的关键点就是靠能力谋生还是靠美色谋生。女人在工作中没有一技之长，是很危险的事。

有很多女性误以为只有讨得能够决定自己命运的人欢喜，才能一路顺风地走下去。其实这是一个严重的错误。如果你的命运取决于他人的喜好和情绪，那么，运气再好也有限。因为今天他能喜欢你，明天也可能喜欢许多你的同类，你始终不是自己命运的主人。靠别人的庇护永远长久不了，你的素质、你对生活的认识，将最终决定你的价值。

如果你需要看某一个人的脸色生活，他的喜怒哀乐都将对你的命运产生影响，那么，你的运气再好也有限。无论在什么情况下，靠自身的素质吃饭，才能过得长久和安乐。

所以说，女性在利用自己的性别优势谋取利益时不能不考虑清楚了，天下没有免费的午餐，如果你要得到更多的实际利益，就必须付出更高的代价，而这会搅乱你的生活节奏，也难以获得长久和稳定的发展。

如果你需要的是长久的成功与财富，凡事都要按规矩来，事实上，并非那些身居高位的男性都喜欢女孩献媚，当他们冷静下来的时候会明白一个花瓶和一位好职员孰轻孰重。

范徐丽泰1983年进入香港立法局，从此踏入政坛，自1997年起连任三届立法会主席。但范徐丽泰从不喜欢被称为女强人，她认为：“强人就强人，为什么要加上一个‘女’字？大家都是做事并希望尽力做得最好，男女在这方面没什么分别。”

年轻时的范徐丽泰很内向，上台演讲更有一种恐惧感。她回忆说：“第一次在立法局发言，一共有8篇，我一边讲一边抖，抖到3篇之后，后5篇就自然多了。”侃侃而谈的口才、自信干练的气度，这些都是慢慢练就的。“从小，我就要求自己，凡事只要做，就要全力以赴，做到最好。”她强调说，“女人要求平等首先应当从自己做起。我要比你做得更好，那你们就没有办法看不见我了。”

真正强势的女人，精明干练的工作作风就是她的标签。在这个世界上，各个领域里都有一些出类拔萃的女人取得了令人瞩目的成就。她们的人生经历和从事的行业各不相同，但大都具备让人信服的人格魅力，比如进取心、原则性、决断力、责任感等，这些都是普通女人所欠缺的素质。

对于活跃在乌克兰政治、经济两大舞台的季莫申科，她身边的工作人员说：“作为企业家，季莫申科的攻击性较强，她的政策不是观望，而是进攻。她善于说服自己的竞争者。她在天然气市场的威望迅速增加，人们开始尊重她。季莫申科擅长选用最优秀的人。她完全依赖于职业人员班底，他们向她提出在某个领域她应当如何做的建议，她听取所有建议，然后做出决策。她总是坚定地做出决策，思维很敏捷。重要的是，她总是对自己所做的事情有信心。没有什么能让她感到沮丧、手足无措得不知道该怎么说怎么做才好。有一次我到她那儿汇报工作计划，她认真听完，权衡所有利弊，在5分钟之内就做出了决定。”

女人的自信不是来自美色，也不是来自对于自己的高估，你必须先拿出相应的成绩来，然后世界才可能给你一个对等的认证。

不断充实自己，学习不曾了解到的知识

要一个台阶一个台阶地逐渐提高自己的层次，当你处于一个很低的位置的时候，你不知道外面的天有多大，生活有多美好。

成功并非上天的恩赐，而是不断学习、不断修炼的结果。可以说，是学习成就了人类。

人说男人如树，枝繁叶茂，耐得住岁月的考验。女人如花，开得娇艳，凋零得也快。这里面除了两性的生理特点有差异外，另有一个重要的原因是男人多要以才识立世，年龄对他是一种积累，知识、思想、功名、权势，在中年后反会呈现出一种上升趋势，所以男人始终自强自信、生气勃勃。而女人最宝贵的容颜风采却是留不住的。当一个女子在镜子里看到自己身形臃肿，脸上的皱纹斑点隐隐可见时，会觉得昔日明媚的阳光正渐渐远去。生活中女人们的唠叨和抱怨的背后正是这种将要被整个世界抛弃的危机感。

我们身边的人和事天天都在进步，在改变，自己若不动，只呆呆地望着别人远去的身影，是不会得到内心的快乐的。

奥黛丽·赫本成名很早，追随她的脚步，我们依然可以看到她成长和变化的轨迹。

《罗马假日》为赫本开启了辉煌的演艺道路。之后赫本主演了多部大获成功的优秀影片，在《莎宾娜》中，赫本与巨星亨弗莱·鲍嘉合作演绎扣人心弦的爱

情故事。在《蒂凡尼的早餐》中，赫本又与著名设计师纪梵希合作，塑造了令世界动容的优雅造型，《月亮河》的旋律也被赫本唱响世界。而《甜姐儿》中单纯可爱的模特，《偷龙转凤》中冰雪聪明的女贼，《谜中谜》中优雅迷人的少妇，以及《窈窕淑女》中麻雀变凤凰的贵妇人，《双姝怨》中的女同性恋，《修女传》中朴实无华的修女，《盲女惊魂记》中的盲女，都是赫本曾经缔造的经典形象。

如果毫无自信，优柔寡断，丧失远大志向，不敢超越环境和自我，那么你的生活就可能一直暗淡无光。生活中美好的事物历来只和敢于正视现实、迎接挑战、战胜危机的人结伴同行。如果一个人不想断送自己的一生，那么就应该有所作为、有所突破，在征服困难的同时证明自己。

从相夫教子的全职太太到资产过亿的伊利诺依老板，从女护士到董事长，史晓燕仅用7年时间就完成跳跃人生，打造了自己的诺亚方舟。同很多成功人士一样，她成功的背后也有许许多多的故事。

从协和医院护校毕业后，史晓燕被分配到了又脏又累的骨科病房。打针送药、端屎端尿，周而复始，工作的艰辛和压力她倒能应付自如，但是每月70元的薪水、0.6元的夜班补助却让她忍受不了。当时史晓燕就暗想：我的理想可大了，我的志愿可大了，怎么能在这儿呢？那时的史晓燕下了夜班还在拼命学外语。

1984年，史晓燕没有与任何人商量，从协和医院停薪留职，应聘到一家外企公司做了前台接待。在1984年，跳槽对于许多人来说是一件不可思议的事。时至今日，当年的同事回忆说她精明、能干、聪明，对任何事反应都很快。她跳槽大家一点都不惊讶，她那时就不甘于寂寞，不适合做护士。

工作中史晓燕认识了自己后来的先生，开始了全职太太的生涯。

1989年，史晓燕的丈夫叶明钦到新加坡工作，她再也不甘心做相夫教子的全职太太，先是做起了导游，后来就开始自作主张，在新加坡买房子、卖房子。找着感觉的史晓燕了解了发达国家对家的概念，看过了有品位的精心设计的家，她迫不及待地要在一个高起点上开始自己的事业。于是，她支付了每年7万美元的学费，到美国芝加哥惠灵顿学习室内设计。史晓燕已经看准了国内方兴未艾的家具业，她同先生一起在机场高速路建起了一座家具厂，以此为起点，史晓燕把自己打造成事业做得风生水起的女强人。

女人要一个台阶一个台阶地逐渐提高自己的层次，做大自己的事业。当你处于一个很低的位置的时候，你不知道外面的天有多大，生活有多美好，让自己动起来，然后你会看到更多的路，而不是一直被禁锢于一个狭小的空间里。

在女人的一生中，有许多东西是最可宝贵的，比如健康、美貌和爱情等，但这些东西都是你所不能完全把握的，它们会受到外部环境的影响，也会被岁月侵蚀。唯有知识像阳光空气一样自然而永恒，你可以随时从中汲取力量。当女人以才识为重，潜心修炼自己时，知识就会逐渐影响你的内在思想，使你的谈吐、气质上表现出高贵来，然后你的眼界会更开阔，人生也因而步入一个新的层次。

这里所强调的知识和学习都是广义的，随时给自己充电，提高自己的专业水准是学习，平日阅读一些自己喜欢的文艺、生活类书籍，上网看看新资讯也是学习。推而广之，就是在生活中必须有自己的喜好或寄托。工作着的女人是美丽自信的，专注于自己兴趣的女人也是可爱的，学什么都可以，只要肯用心就行。插花、绘画、钢琴、舞蹈，或者是任何一种体育运动或棋牌游戏都可以。在学习中慢慢培养起自己的情趣，找到自己的快乐。

不管你的手攥得多紧，也无法永远抓住流逝的岁月和身边的爱人，不如转身去做自己的事，活得精彩的女人身上自然会有一种独特的魅力。

古人造字，学习的习本作“習”，上面一个“羽”，下面一个“白”，是一次漂亮的飞翔。学习一生，可以让女人们在中年以后不至于陷入令人心烦意乱的琐事，而能以从容的微笑面对外面广阔的大千世界。

放下过去，现在就开始做自信美丽的自己

不幸的女人，从来只能看到自己的不幸，不问自己得到了什么，只看自己失去了多少。

女人们大都有完美主义的倾向，她们总是下意识地渴望自己的出身、容貌、工作、家庭都达到尽善尽美的境地，那些不尽如人意的地方，就成了她们难以放下的心病。

有追求是好事，但总是踮着脚尖生活，却会破坏了对于当下生活的幸福感和满足感。心理学家告诉我们，追求完美的人大多是出于一种自我保护的渴望。每一件事情都想做得完美无缺的人并不一定是生活的强者，正好相反，他们只是想躲在完美这把“保护伞”下，维护自己脆弱的自尊。

那些钻了“完美”和“公平”的牛角尖儿的女子，应当尽快地从那些不切实际的诱惑中摆脱出来。首先，要对自己的能力有个正确的估计。不要在短处上去与人竞争，而是要在自己的长处上培养起自尊、自信和对生活的兴趣。要重新认识“失败”和“瑕疵”，不必为了一件未做到尽善尽美的事而自怨自艾。没有瑕疵的事物是不存在的，盲目地追求一个虚幻的境界只能是劳而无功。

做好自己，做好当下的自己，才是正确的态度。

奥黛丽·赫本刚随母亲到伦敦的时候，找到了一份在教会值夜班的工作。同时，她一边当广告模特，一边进了颇负盛名的玛丽·兰柏女士的舞蹈学校。年届60岁的舞蹈家兰柏女士对赫本很好，但是在这里，赫本发现自己的舞蹈技巧不如别的同学。加之个子太高，她看出自己没有担任舞蹈主角的前途。而且多年的饥饿病侵蚀了她的身体，作为职业舞蹈演员，她显得体力不足。

这个时候，赫本突然明白了兰柏对她讲的肺腑之言。兰柏女士的话是："你缺少芭蕾舞蹈家应具备的天才。"

至此，赫本终于明白了，干芭蕾这行她永远当不成主角，永远不会成功，终于，赫本彻底放弃了当舞星的愿望。此时，她19岁。

当时，伦敦要拍摄一部40分钟的电影短片，是一部旅行风光介绍片，需要一名会英、德两种语言的少女，装扮成空中小姐向观众讲解风光景物，经朋友介绍，赫本前往应试。十八九岁的她，长得文雅秀美、亭亭玉立。两位导演先后接见了她。

导演林登后来回忆说："奥黛丽·赫本小姐光彩照人，愉快、亲切、很有教养。她像小鸟似的叽叽喳喳，讲她的芭蕾舞训练。记得当时我对助手说："快来！你看见过一个会走路的梦吗？我看见了。"

另一位导演则极力证明是她第一个发现了奥黛丽·赫本："她走进我的办公室，说她是学芭蕾的，要找份工作。我向她解释说，我不拍音乐舞蹈片。不过，我继续和她谈话。不知怎的，我被她那新鲜、开朗和难以置信的微笑吸引住了。她的小圆脸上一对大而明亮的眼睛使她成了一个小太阳！最后，我恍然大悟：她就是影片中要用的人。"

这部短片虽然再也没有听人说起过，但赫本由此第一次跟演电影打上了交道，她体会到拍电影的激动和乐趣。

这件事或许正是她以后辉煌从影事业的开端。

因为受先天条件的局限和饱尝战争之苦，奥黛丽·赫本成不了优秀的芭蕾舞演员，也许她这一生都将与苦练数年的芭蕾绝缘，但这不妨碍赫本以愉快自信的姿态去应聘她的另一份演员工作。赫本的成功，是偶然，也是她生活态度带来的必然。

好运气从来只青睐充满热情地投入生活的人。不幸的女人从来只能看到自己的不幸，不问自己得到了什么，只看自己失去了多少，结果情况越来越糟糕，心情越来越低落。而打破这种“不幸”的咒语，先要扔掉心理包袱，变得成熟稳定，像周围的人一样去承担自己的责任，投身到自己热爱的生活中去。不要总盯着自己遇到的不幸，要知道在这个世界上有着很多人比你还不幸，只要能够抬头看到阳光就是幸运的，生活里的挫折比起一个人的人生只不过是一个再小不过的插曲而已。痛苦与快乐的生活都是自己选择的，为什么要沉溺在痛苦中呢？

其实在我们身边就有这样一类女人，她们一开始只是站在很低的台阶上仰望别人的好运气，但她们并没有因此气馁，外面精彩的世界反而成了她们打拼的动力。虽然也有遇到挫折想放弃的时候，可是一想到自己一直所向往的生活，就又勇敢起来。

信心是一种心理状态，如果通过反复不断的确认，相信自己会得到想要的东西，然后传递到潜意识里去，它就会带来成功。如果认为自己魅力十足、人见人爱，眼睛就会散发出迷人的光彩，行动更优美，语言更富有感染力，像磁铁一样吸引着身边的人。同样，如果认为自己有能力承担一切，面对波折阻碍时心里依然是明亮的，就不会被灰暗的情绪所干扰，不会轻易动摇。只要努力了，社会一定会给你以公平的回报。不要抱怨生活，否则只能证明自己没有真正地去努力。事情再难办，只要我们一点一点朝好的方向努力，总有一天会叩响幸运之门。

正确的想法就会坚持到底

目光要长远，而不要只盯着眼前的一点点利益，要学会朝着目标不停顿地努力，这是成功的唯一选择，也是最好的选择。

无论你的追求是名声还是财富，都不是可以一蹴而就的事情，这就要求我们在成功之前的暗淡时光里，要有坚持到底的信念和勇气。

我们等待成功，就像等待果实成熟，早摘的果子，必定是酸涩的。

从前，有两个人偶然与酒仙相遇，一起获得了神仙传授的酿酒之法。米要端午节那天成熟的，水要从高山上流下来的泉水，把二者调和均匀，注入千年紫砂土铸成的陶瓮里，再用初夏第一张看见朝阳的荷叶盖紧，密闭七七四十九天，直到鸡叫三遍后方可启封。

就像每一个传说里的英雄一样，他们历尽千辛万苦，找齐了所有的材料，把梦想一起调和密封，然后潜心等待那个时刻。这是多么漫长的等待啊！

第四十九天到了，两人整夜不睡，等着鸡鸣的声音。远远地传来了第一声鸡鸣，过了很久，依稀响起了第二声。然而，该死的第三遍鸡鸣迟迟没有来。其中一个再也忍不住，他打开了他的陶瓮，迫不及待地尝了一口，就惊呆了：天哪！

像醋一样酸。大错已经铸成，不可挽回，他失望地把它洒在了地上。

而另外一个，虽然也是按捺不住想要伸手，却还是咬着牙，坚持到了第三遍响亮的鸡鸣。他把酒舀出来抿了一口，大叫一声：多么甘甜清醇的酒啊！

只差那么一刻，“醋水”没有变成佳酿。许多成功者与普通大众的区别往往不是机遇或是更聪明的头脑，只在于前者多坚持了一刻——有时是几年，有时是几天，有时仅仅只是几分钟。

对于奥黛丽·赫本，我们熟知的是她光彩照人、美轮美奂的银幕形象，却不知道在幕后是勇于坚持的素质支撑着她。

导演柯烈特为影片《琪琪》物色演员的时候，约见了当时默默无闻的奥黛丽·赫本。赫本向导演强调自己从未出演过影片，根本不知道如何拍戏，更不用说担当主角了。导演说：“你是一个舞蹈演员，你知道如何努力工作，如何坚持到底。这就足够了。”于是，赫本就前往纽约出演了《琪琪》。**赫本表示：“我从来不相信有天赐的才能。我只崇尚我的工作，并且竭尽全力。”**

她的另一部影片《战争与和平》在8月的炎夏中拍摄，当时的戏服却是天鹅绒和皮毛外套。在一场表现猎兽的场景中，拍摄队伍头顶罗马炽热的阳光，缓慢前行在一片空地中，这时，赫本的坐骑忽然昏倒在地。工作人员迅速把她从马鞍上解救下来。他们说：“你像骏马一样强壮啊！”赫本认为：“其实我比骏马还要强壮，我并没有倒下，昏倒的是马。”

在五光十色的现代生活中，似乎每一天都充满了传奇。某个女子通过选秀节目一夜成名，出演了一部大制作的电视剧，成为炙手可热的新星。某个女子仗着有几分姿色，终于钓到了金龟婿，做她的富家太太去了。某个女子买汽水的时候捎带着买了一张福利彩票，谁知却中了500万的大奖，连亲戚朋友都跟着沾了光。这些故事听起来让人眼热心跳，恨不得这种好运气明天都落在自己头上。

事实上，这是一种非常危险的想法。

如果一个女人把命运寄希望于“意外”而非“努力”，这往往会让她与好命无缘。因为这样的女人在面临可以改变人生的机会时往往只看到它金光闪闪的一面，而忽略了可能存在的问题。比如她们可能会把自己的青春、名誉都押在某一个人或某一件事情上，而忽略了对自己资历的积累和能力的锻炼，一旦外面的力量靠不住，就会失败得很难看。还有些女人有欲望而没胆子，她们会找一些“碰运气”的途径来满足这种心理需要，如买彩票、赌博等。尽管这些途径成功的概率非常小，但只要有一丝机会，她们都愿意去尝试。到头来，许多大好时光就在一次次希望、等待、失落中消耗掉，但是除了年纪增长、多了皱纹之外，她们什么也没等到。

如果梦想着有一个美好的未来，就要像一个真正的成功者那样去生活，通过辛勤耕耘收获的果实才可以放心踏实地享受。

无论我们做什么，想求速达，就难以满足妄想与急切，就难以把事情办扎实。早熟便是小材，大器必然晚成。是的，在这个世界上，一日暴富、一夜成名的事例也有，但毕竟这只是一个偶然，代替不了世间的大道。许多成功者的成长之路其实无比的平淡，没有新闻，没有传奇，他们依靠自己兢兢业业的持久经营，同样取得了许多人难以企及的成就。

哲学家告诉我们，世间的任何一件事情都有它的不二法门。不论什么时候，一切急功近利的思想与行为都是一种短视，都是非常有害的。目光一定要长远，不要只盯着眼前的一点点利益，要学会朝着目标不停顿地努力，这是成功的唯一选择，也是最好的选择。

付出与回报，从来都是成正比的，中间过程的蹉跎并不可怕，只要有足够多的耐心，最终必能等来足够好的结果。

抱怨无益，不如为自己加油，向成功迈进

精神上的富有是一笔巨大的资产，千万不要因为无谓的抱怨而让财富缩水，与快乐绝缘。

人在世上不可能一帆风顺，有风和日丽的灿烂，也有激流险滩的困境。适度的挫折、苦恼、困惑以及不愉快能促进你成熟、成长。抱怨作为人们发泄情绪的一种方式，的确可以起到疏导的作用，但是，有时候过度的抱怨不但解决不了任何问题，反而会徒增许多烦恼。美国一位心理学家经过悉心研究得出了这样一个结论，当成为被抱怨的对象时，人们通常会做出一些过激的反应。在抱怨的过程中，你抱怨的对象和由抱怨而产生的一种更强烈的痛苦就形成了双重烦恼。

产生种种抱怨情绪，甚至采取一些消极对抗的行动，这是人正常的心理反应。但是，如果总是一味抱怨，而不用一种豁达大度的心态来对待人或事，就会将自己弄得狼狈不堪。抱怨毫无意义，至多不过是暂时的发泄，结果什么也得不到，甚至会失去更多。

但是，如果从另外一个角度，用一种豁达大度的心态来对待它，就会将这种不公正当作对成功者的考验。容忍和以德报怨是一种成熟的标志。一个将自己的头脑装满了过去时态的人是无法容纳未来的。聪明的做法是停止计较过去，停止对自己所遭遇的不公正待遇耿耿于怀。

奥黛丽·赫本曾是二战幸存者。在纳粹占领荷兰期间，她亲眼目睹过无数残酷暴行，甚至包括了自己叔叔和表兄弟的处决。她在家也被迫用郁金香捻成面

粉做蛋糕和饼干。有时候还需要一整天都躺在床上，通过看书来忘记阵阵袭来的饥饿。**但她从未让悲愤控制自己，她说：“是过去造就了我们的今天。”她还说过：“所有的经历都是你灵魂的养料。如果你愿意的话，它也能成为你未来的负累和武器。”**

对赫本来说，欧洲解放也使她第一次接触到联合国儿童基金会。“二战期间我一直在荷兰，在德国军队的统治下生活，根本没有吃的。”她回忆说，“最后那年的冬天是最糟糕的，城市里的食物已经所剩无几，还要优先供给德军。虽然我们还不至于饿死，但是由于总是吃不饱，我患上了严重的营养不良。幸好战争结束后不久，联合国儿童基金会就和红十字会一起进驻了我们的城市，向居民提供食物、药品和服装。当时所有的学校都成为援助中心，我和其他的孩子一样成为最大的受益者，我一生都将铭记联合国儿童基金会对我的帮助。”

无论遭遇什么样的困苦，赫本都把它们当成理所当然的过程，她忘记了苦难，心存感恩，平静地开始新的生活。

其实，无论在工作中，还是在生活中，我们经常会遇到许多羁绊和束缚，对于它们我们毫无办法。殊不知，囚禁我们的不是别人，而是自己，是不健康的心态和偏激的态度所致。当生活不如意，做什么都不顺利的时候，有的人往往抱怨自己没有碰到好的机会，或者没有遇到好的环境。但很少有人会反思自己在个性上有什么问题，或者在工作中有什么毛病。因此在抱怨一番之后，情况依然不会有什么改变。

人生在世，谁不渴望出人头地？美国成功哲学演说家金·洛恩说过这么一句话：“成功不是追求得来的，而是被改变后的自己主动吸引而来的。”我们之所以没有成功，是因为在我们身上存在着许多致命的缺点，如自私、傲慢、急躁、没有明确的人生目标、缺少自信、做事情不脚踏实地等，这些缺点严重制约了我们的发展。只要对自己进行深刻的检讨，采取改进措施，你的精神面貌就会发生巨大变化，会感觉到自己在一天天地向成功迈进。

现任美国第一夫人米歇尔·奥巴马的娘家姓叫罗宾森，她是非洲黑奴的后裔。

1964年1月17日，米歇尔出生于位于芝加哥南部的贫民区，家里只有一间卧室——其实只是将客厅一隔两半，她和哥哥睡在阁楼上。她父亲患有多发性硬化症，在芝加哥市政水厂上班，已于1990年去世，她母亲至今仍居住在那间老房子中。

尽管父母因种族问题受过不公，他们却教育子女要积极乐观。“我父母反复对我们说，‘别告诉我们你不能做什么，也不要去担心什么事可能不尽如人意’。”米歇尔回忆说。

1981年，米歇尔考上了普林斯顿大学，主修社会学专业，兼修非洲裔美国人历史。4年后，她以优异的成绩毕业，接着上了哈佛法学院，1988年获得法学博士学位，比未来的丈夫兼校友早了1年。

毕业后，米歇尔受聘于芝加哥市区的西德利·奥斯汀法律事务所。她的命运从此揭开了崭新的一页。

精神上的富有是一笔巨大的资产，千万不要因为无谓的抱怨而让财富缩水，与快乐绝缘。不可能每个人生来就能获得命运准备的丰盛大餐，希望生活有滋有味、绚烂多彩，就要努力用自己的双手去编织五色花环。

为了培养自己的成功心态，需要从下面几点做起。

在你每天的用词中，用“能够”代替“不能”。这适用于你遇见的大约95%的难题。

迫使自己把注意力和能力集中到计划定成的目标上，忘掉失败。相信失败仅仅是成功路上的一段插曲。

制作一个表格，列出当前最重要的要求和希望，然后写出每一项的好处和要完成它的决定性因素。睡觉和起床之前都看看这个表格。

有些人也许正在做着你要做的事，并且做得很好。可能的话找他们谈谈。找有关专家咨询，制订向成功者学习的计划。安排好为成功而努力奋斗的每一个步骤。

按你的想象画一幅工作已完成的图画，以表明你的自信。

不要畏惧、担忧。进行一次全面的健康检查，推断是否有器官性疾病。然后，你可考虑专门的计划，包括放松、行为的改进和生物反馈疗法。同一些成功女性交往，她们将帮助你克服畏惧心理。

当别的女人向你讲起她们的问题时，要给予积极反应。对于自己的问题，应集中精力立即解决。

第九章

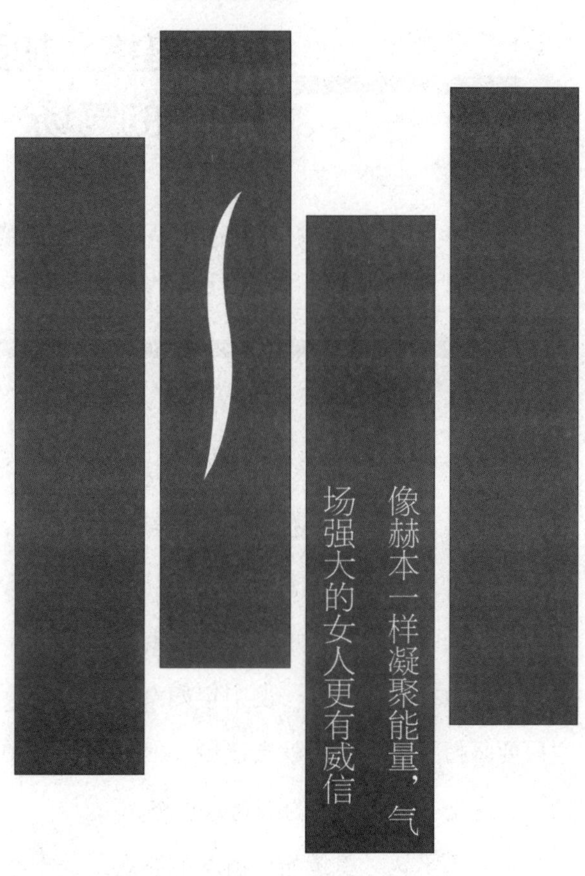

我不是要你装模作样，搞得像西点军校的下级生。只是告诉你奥黛丽・赫本即使穿着最朴素的衣服也照样引人注目的原因，在于她优美的姿势。昂起下巴，收肩，当你走进一间房子，就好像那个房子是你的一样。

——主持人黛安娜・鲍嘉

站姿挺拔，加强你的气场

如果生活中我们能注意保持挺拔的姿态，会有效地帮助我们矫正形体，增强气质的魅力。

一个女性有没有魅力，看的是她整体的风韵。试想，如果一个女子身材适中，却垂头耷拉肩，你还会觉得她美吗？做美女，挺拔的姿态排在第一位。

相对而言，西方女性比较注重仪态的训练，西方女性健身是为了培养矫健的身段，同时也是为了培养挺拔的姿态。有一部外国电视剧有这样一个情节：一名健美女教练一面带领一群中年妇女做难度极大的健美操，一面给她们鼓劲说："只要坚持下去，我们就会迷倒100个男人，100个呢！"女性们因此做得更加起劲了。这是一种追求美的不老的心态。

不得不承认，奥黛丽·赫本的姿态之美得益于她那位身为男爵夫人的母亲，她严格的行走坐卧的标准把赫本打造成了一个举止有度的淑女。

奥黛丽·赫本的形象之所以能够获得成功，是因为她几乎囊括了所有的现代精神。她身上带有来自法国的浪漫气息，又有着比利时人的坚忍不拔，她带着浓重的英国口音，拥有贵族气质，然后依靠个人魅力演绎了一个经典的美国式成功案例，她是那个时代浪潮最完美的代言人。从整体效果来看，赫本的脸似乎有些太过棱角分明了，但是在她独特的气质下，所有的缺点都荡然无存。她就像意大利画家莫迪里阿尼笔下的人物画，各种各样夸张的扭曲不仅仅是使画面变得更有趣，也从整体上塑造了一个完美的形象。

在这张孩子般纯真的面庞之下，是她优雅细长的脖子，她的颈背总是挺得笔直，使她看上去要比实际更高挑，这并不是天生的，而是长期接受芭蕾舞训练的结果，虽然战争使她错过成为一名芭蕾舞演员的机会，但是她仍然保留着独特的高雅气质。赫本能够完成很多杂技般的动作，也要感谢她那经过芭蕾舞训练后的柔软身体。

赫本回忆她的舞蹈生涯时说："在跳舞时，很多技术性的动作都是通过良好的习惯造就的。即使在放松的时候，也不能懈怠。我学会这一点是通过我的芭蕾舞老师拉波特夫人。每当她看到我们交叉双臂或垂下肩膀，她就会用指挥棒敲一下我们的关节。学习舞蹈的人必须能够意识到自己的姿势是否优美。"

优雅在一举手一投足之间，而这一举手一投足的魅力并非天生，是可以通过后天的努力达到的。如果生活中能注意到下面几个姿态的话，能够有效地帮助我们矫正形体，增强气质。

我们看一面墙，垂直光滑的表面是不容易藏灰尘的，通常是墙角的位置最容易藏灰尘。同样的道理，当我们身体挺拔，每个部位都在正确的位置的时候，身材是很容易保持的。正是由于一些不良的习惯，如站没站相、坐没坐相，多余的脂肪才像那灰尘一样在身体不正确的部位堆积起来，导致身材变形。

颈部要拉起

平时站立的时候，一放松，颈部的皱纹及双下巴就出来了。颈部拉起来的时候线条特别优美。要时刻拥有天鹅般优美的颈部曲线，平时要注意把脖子拉起来，还有很重要的一点是即使是眼睛朝下看，也不要让颈部出现双下巴，而是要拉起来，保持颈部漂亮的曲线，这样就能拥有与众不同的优雅气质了。

背部要挺拔

性感的背是靠平时一举一动乃至专门训练出来的。而背的优美并不只是瘦就可以了，还要把优雅和性感雕刻在挺拔的背影上，才能拥有更多的回头率。

生活中一举一动都要注意保持背部的挺拔。养成好的习惯，时刻保持良好的体态，即便是爬楼梯这样看起来微不足道的动作也要双肩后展，背部挺直。越想要成为一个优雅的女人，就越是要注意细节。

把优美的体态融入日常生活中，在鞠躬、上楼梯、捡东西等细微处都注意保持腰背的挺拔，这样才能体现出优雅和女性魅力。

胸部要挺起

良好的胸部形体习惯是经常挺胸抬头。经常含胸的人在地心引力的作用下，胸部是很容易松弛向下的。当双肩后展胸部挺起来的时候，会感觉胸部上方有拉紧的感觉，这样的姿态可以非常有效地预防胸部下垂。

生活中，当站着时、等人时，都要时刻注意双肩后展，挺胸抬头，这样就有了与众不同、鹤立鸡群的感觉。

肩部要打开

肩如果没有打开，从侧面看，不但能看到手臂，还能看到背部、胸部往下垂。

两肩打开，从侧面看，手臂和背部是处于同一平面的，只能看到手臂，看不到背部了，胸部是挺拔向上的。能感觉胸部上面的肌肉是拉紧的，所以，这种姿态能防止胸部下垂。

两肩越下沉，颈部到肩的线条就流畅、修长、舒展，看上去特别自信和优美。

腹部要收起

弯腰驼背是一种体态，收腹提臀也是一种体态。只有体态美了，才能让女性真正地美起来。前面最突出的永远是胸部，不要让头和腹部比胸部还突出。不要让臀部塌得像洗衣板。收腹提臀，不仅能防止臀部下垂和腿变粗，还能充分展现女性的魅力。

从侧面看，骨盆向后，腰用劲，脊柱整体向上，收腹，臀部提起，从腰到臀部的曲线非常漂亮。

女人要学会用眼神说话

女人如果只有端庄秀丽的容貌而眼睛里没有内容，那么她的风姿无疑会减色不少。

台湾作家吴淡如说，最有效的调情方式是深情凝视与专心倾听，“深情地凝视对方，让他感觉在你的眼中没有其他人存在”。眼神是构成吸引力的核心因素，没有哪个男人能够拒绝这样的诱惑。

女人被男人征服，是因为男人有征服女人的能力。男人被女人征服，往往是迷惑于她那一双会说话的眼睛。男人非常喜欢探索这种眼睛，它对男人产生的诱惑力并不亚于女性的美色。

在中外影坛上，真正光芒万丈的巨星为数并不多，奥黛丽·赫本可说是其中的佼佼者。

凡是看过赫本代表作如《罗马假日》及《窈窕淑女》的人，相信一定会对这位出类拔萃的女星留下深刻的印象。

英国一位曾为赫本拍摄过照片的摄影师写了一篇文章介绍赫本的风姿容貌。在作者心目中，赫本的美是别具一格的，她的脸充满稚气、充满童真，一束短发衬托着细长的颈项，尤有特色的是她那一双大大的眼睛（enormous heron's eyes）、乌黑的浓眉。

"enormous heron's eyes"如何翻译，在中文译者那里引起争议，"杏眼""猫眼"似乎都不足以形容赫本之美，倒是"小鹿的眼睛""羚羊的眼睛"，温驯又纯洁，高贵又动人，最容易被大家所接受。

抛开学术上的争议，赫本的眼神之美，给人的印象之深刻可见一斑。

女人如果只有端庄秀丽的容貌，而眼睛里没有内容，那么她的风姿无疑会减色不少。那些让人过目难忘的多情女子，眼睛都是会放电的。古人虽含蓄，也有"心许目成""暗送秋波"等词，来表达男女之间的情意。现在人顾忌更少些，可以"眉来眼去""含情脉脉""眉目传情"，眼神虽不是有声语言，但恰似有千言万语随心传播。

正如古罗马诗人奥维特所说："沉默的眼光中，常有声音和话语。"用眼神来传情达意的方式是丰富多彩的。对异性只看一眼就故意将视线移开的人，恰恰表明其渴望与异性交往，这是心理的反向作用。凡是目不转睛注视对方，而不将视线移开的女性，都流露出了她内心隐藏着的爱的秘密。男女双方不时地对视，是将对方引导到自己心上，传情达意的交流。

情人用眼睛所说的话多是甜言蜜语，妙趣横生的。当高朋满座时，他俩四目交织，她便领会了他所说的："今晚还在老地方见。"他也得到了她"OK"的承诺。如果她用不同的目光来回答，他也会领悟她所说的是"没空"。

女子用近似调情的眼神捕捉着男方眼睛里隐藏着的讯息，有时还会用眼部化妆来增强它的效果。双方深深地注视，瞳孔会迅速扩大，各自为对方的魅力所吸引而激动不已。这种亲密的注视方式有利于促进相互理解，也是从对方的心灵深处寻觅着幸福之花和阳光灿烂的明天。

当一个小女孩儿逐渐成长为青春少女时，情窦初开，一个新奇而美丽的世界展现在她的面前。自然而然地，她就学会了会眼神表达感情，“美目盼兮，巧笑倩兮”，一朵有香有色的鲜花就此盛开。可惜很多进入中年以后的女性被生活折腾得心浮气躁，只会用嘴巴吵嚷，而忘记了用眼睛说话。

如果你已经荒疏了与爱人的眉目传情，请找一个阳光明媚的日子牵手散散步，或者在某个节日的夜晚倒上一杯红酒，以此为契机，相互注视，温习一下恋爱时的感觉。年华可以老去，眼神永远青春。

对自己的眼睛没有自信的女人，可以对着镜子练习，心中默念“喜欢你，喜欢你”，这样便可练出一对“深情的双眼”。

当你能够将喜欢的心情注入目光中后，眼睛就能够替你说出隐藏在心里的话了。当他迟到、稍微受伤或有困难时，用一种探询问候的眼光看他。当他跟其他女子比较亲近时，试着用稍带嫉妒的眼光看着他。等你能够自由自在地用眼睛表达感情时，面部的表情也一定会丰富起来，光彩照人。

除了情人之间用眼睛传情达意之外，眼神的妙用还可以扩大到广泛的人际圈子。

一位公关小姐要为公司办一些事情，必须到某公司和总经理面谈。她穿着正规套装，微笑着大步向总经理走去，用力地和总经理握手时，自信地直视着他的眼睛，在和总经理谈事情的时候仍然不时地用眼神和对方交流，甚至大方地把眼神停留在对方的眼睛或脸上几秒再移开。这位小姐的眼神使她给人一种很自信的感觉，结果事情办得出乎意料地顺利。这位公关小姐的成功之处就在于巧妙地发挥了眼神的作用。

注视对方的眼睛，既可以表达自己对对方全神贯注，又可以表示自己对对方的话很赞赏。当你征求他人的意见时，或者强调重点、表示诚意，或者与别人道别、道贺时，都应该注视对方的双眼。但是，注视的时间不宜太久，否则双方都会感到尴尬。

了解了眼神的准确含义，女性朋友就能在进一步的交谈时合理地运用眼神，以增强交谈的效果，减少误会。因此，在与人交谈时，应该把自己的真诚、热情、感染力通过炯炯眼神传达给对方。这种眼神的交流对进一步的谈话是必不可少的准备。

气场强大的女人总是行如风

赫本是个舞者，所以她的一举一动都很协调。她走路的方式都充满了梦幻色彩——没有人可以像她一样走路。

奥黛丽·赫本之美在于她与众不同的风采。如果用“王室气质”来形容后来的“赫本风格”是一个更普遍的形容词，那么她独特的气质就不需要特别的理由。

1929年5月4日，奥黛丽·赫本出生于比利时首都布鲁塞尔的一座豪华宅邸里，当时的布鲁塞尔是欧洲最富有魅力的城市之一，是一个充满活力、讲究礼仪、舒适而又优雅的城市。赫本的母亲是一位荷兰贵族，父亲是英国人，是英格兰银行布鲁塞尔分行的总经理，他相貌英俊，衣着考究。

正是在这种家庭和社会环境中，赫本自幼养成了认真严肃的习惯，培养出高雅的气质和坚毅的性格，同时又能出人意料地谈笑风生，对待生活永远有浓厚的激情。

为了让赫本自幼就受到良好教育，她4岁就被送往英国一所私立学校。赫本从小就爱好古典音乐，每当欣赏贝多芬和巴赫的作品时，她简直如醉如痴。然而与音乐相比，她更喜欢舞蹈，看芭蕾舞剧对赫本来说是美妙至极的享受。

9岁时，她开始正规地学习芭蕾。奥黛丽·赫本早年在伦敦的时光几乎都是穿着芭蕾舞衣度过的。芭蕾舞不仅让赫本的外表亭亭玉立，更让她学会了自我控制。芭蕾舞为赫本雕琢出无懈可击的优雅与活力，这是她个人风格中最难以名状和最强烈的部分。

从赫本的芭蕾岁月中，我们知道优雅与智慧和想象力一样都是发自内心的，是一种最深沉的内在。她的优雅是从种种微小的细节中淬炼出来的——她的动作、她的声音，甚至她签名的手法。**无论我们如何理解优雅，赫本都已经把优雅融合在举手投足之中。正如著名素描家乔·尤拉说的："她是个舞者，所以她的一举一动都很协调。她走路的方式都充满了梦幻色彩——没有人可以像她一样走路。"**

那些像赫本一样轻盈可爱的女人，走的都是"腰步行"。

所谓的"腰步行"，就是脊梁和腰部挺直，全身挺起来前进，并且以脚跟先着地的步行方法。"腰步行"因为伸直了背部，动作很敏捷，所以能给人产生开朗、活泼的好印象。

像赫本一样走路是我们的理想，即使不能完全做到，也要争取接近于赫本。

要想知道自己走路的姿势是否正确，最简单的一个办法是看看鞋跟，很多人的鞋跟都有不同程度的磨损，这些就提示你平时走路的着力点正确与否，正确的锻炼走法鞋底的磨损是平均的，而不是分布不均的。如果你的鞋是后者，那就要留神了。

纠正不良的走路姿势，先从纠正站姿做起。可以在家里对着大镜子自我检查。人在照镜子时会不自禁地挺胸抬头，然后在走路时保持端正的姿势，做到不偏不斜，不前倾。

让我们对走路时身体各个部位一一分解，看看一个真正的淑女应该怎么走路呢。

头部

最理想的走路姿势，头部应该是垂直的，不要盯着脚下看，而是将视线保持在前方3～6 米的位置。可以想象自己像玩偶一样，有一条绳子连接你的头发，把你往上提拉。这样可以让颈椎合理支撑头部的重量，舒缓颈部肌肉的压力，而且颈部线条也能更流畅和优美。

胸部

一定不要含胸，而要将胸部挺起来，同时收紧小腹和臀部，这样能让全身线条收紧，女性的S形曲线自然显现出来。

手臂

不管是为了取暖，还是为了装酷，走路时都不要让手臂一直闲置在衣服插兜中，最好让手臂轻微弯曲，随着步伐自然摆动，体现出韵律感。

肩膀

让肩膀放松，既不要向前耸，也不要向后塌。如果想要检测一下效果，可以让朋友从侧面看看，这时耳朵、肩膀、髋关节、膝盖应该在一条直线上，让身姿更加挺拔和自信。

呼吸

走路时注意呼吸的调整也是非常重要的，因为呼吸会影响人的体态。当你的呼吸急促或者比较浅时，上半身就会比较紧张，容易导致驼背和耸肩，所以走路时可以有意地调整呼吸，建议走三步吸气一次，然后走三步呼气一次。

正确的走姿对于身材有很大的影响，同时正确的走姿还对于头脑疲累有显著的帮助。现代人生活压力大、工作繁忙，尤其是从事脑力劳动的人，头脑疲劳的现象常常出现，走姿不正确的话影响的就不只是外在形象的问题了。

走路抬头挺胸才利于周身与大脑的气血回流，也就是说，抬头挺胸走路时是让大脑得到休息的机会，这个姿势使低头工作的状态变为“阳气升发”的抬头状态，正好补偿了人因为低头工作给大脑造成的紧张以及气血流通不畅。低头走路造成的结果就是“阳气不升”，从而影响大脑正常的气血供应。

人在走路时，全身奇经八脉都跟着一起活动，而含胸、弯腰的走路姿势正好让这些经脉得不到很好的舒张，身体得不到应有的供氧。此外，这种走姿所造成的脊柱问题会反射到大脑，使人无论在伏案工作还是走路时，大脑都处于紧张状态。白天的这种得不到缓解的紧张造成大脑过劳，会影响夜间的睡眠。

女性的精神面貌如何，健康是底子，当精、气、神都提起来的时候，自然就给人一种生气勃勃的美好印象。

我们天天在走路，却不一定走得有款有型，不论是为了体态的美好还是身体的活力，都有必要留意一下自己的脚步了。

亲切一些，笑容并不会有失威严

笑是人类肢体语言中最富有感情色彩的，而微笑则是笑中最容易打动人心的。

气质优雅的女人在想象中可能是高高在上、不苟言笑的，事实却并非如此。在灿若群星的女影星中，奥黛丽·赫本一方面被推许为有“贵族气质”“王室气质”，另一方面，她的微笑也是举世闻名。细心女子还可以分辨得出什么样的姿态是“梦露的笑”，什么样的姿态是“赫本的笑”，有意无意地操练起来，想象中也如她们一样颠倒众生了。

属于奥黛丽·赫本的优雅美丽，就算时光再转百年，也无人能够颠覆。

她的美，决不仅限于20岁时的《罗马假日》。

晚年热衷于慈善事业的赫本，虽然容颜已逝，但依然优雅从容、仪态万方，那是一种渗入骨髓的高贵和典雅，是被时光锻造出来的淡定雍容。

赫本的笑容，温暖、清冽、干净、优雅，那是无法复制、无法替代、无法超越的。

赫本就是能在不经意的举手投足间缓缓释放出一股独一无二的灵气和磁场，那种温暖流溢，那种纯净肆意，那种懵懂无邪，怎不令人如沐春风？

脸是为了呈现上帝赐给人类最贵重的礼物——微笑而生的，微笑会成为人生最大的资产。

微笑的人给人的印象是热情、富于同情心和善解人意，真诚的微笑如春风化雨，润人心扉。微笑是一种武器，是一种寻求和解的武器。微笑是情商的美丽外衣，你的笑容就是你如意的信差，能照亮所有看到它的人。

海伦在一家新成立的广告公司任办公室主任，她所在的办公室兼具行政管理、后勤管理、人事管理三大职能，工作的繁忙和细琐程度自不用说。海伦的前任无论从学历、经验还是从工作态度和魄力上来讲都不比她差，甚至有些方面还超出了海伦，但最终工作做了不少，却得不到同事和上司的认可，大家都觉得她很傲慢，最后被迫离职。总结前任失败的教训，海伦得出一个结论，那就是培养自己的亲和力，和员工打成一片。

广告业的竞争很激烈，广告业务员的工作压力都很大，他们最希望自己的工作能够得到公司的支持和理解，如果他们在与各种各样的客户周旋之后，能够在公司听到鼓励的话，看到一张亲切的笑脸，心里一定会充满浓浓的温情。面带微笑的人总是在向同事传递着这样一种信息：我很欣赏你，我信任你，我愿意成为你的朋友，我们会合作得十分愉快。

现在，无论工作有多重、多烦琐，海伦从不会表现在脸上，总是保持一副亲切的笑容。她拟定的“绩效考评措施”在公司内部也得以顺利实施，公司的业务量也明显上升了。

一个女人细心地关爱自己，每天以清新靓丽的容颜面对这个世界，那么她已经具备了“美女”的基本资格，如果想做得再完好一些，决不能忽略了脸上的微笑。笑是人类肢体语言中最富有感情色彩的，而微笑则是笑中最容易打动人心的。

在所有适合女性的职业中，空姐最受男人的青睐，我们国家队的足球运动员中就有好几个著名的球星娶了空姐。最阳刚的男人往往最容易迷失在女人最柔美的微笑里。许多男人都表示，他们宁可在快乐的气氛中喝粥，也不愿意跟一个哭丧着脸、唠唠叨叨的女人一起吃牛排。

“回眸一笑百媚生”，说的是女人笑容的力量。然而，并不仅仅限于此，女人的笑容背后往往还孕育着坚实的力量。它能以温柔的方式化解人生各种寒冰，能指引你到达光明，领略生命的最美境界。

美丽的微笑是发自内心的。微笑时，牙齿微露，双唇轻启，嘴角微微向上弯翘的同时会带动面部肌肉内部完全舒展。因此，人们常说微笑是女人脸上永恒的化妆品。被称为“乒后”的王楠，曾多次获得世乒赛大奖，不仅她的高超球艺征服了广大观众，而且她那甜甜的微笑也给人们留下深刻的印象。如果说邓亚萍凌厉的眼神、果敢的呐喊震慑了对手，那么王楠的微笑则一切通杀，连场外的观众都对她无限迷恋。

微笑，使人脸上透着安宁美丽，它是一剂镇静剂，使暴怒的人瞬间平静下来，使烦躁的人立刻松弛下来，使忧伤的人重新快乐起来。魅力女人的微笑，无论同性还是异性，统统都会被她感染。

如果经常微笑，你的心情就会好。长期多次重复的表情就会在你的脸上留下一些痕迹。如果你想今天为明天的魅力做点什么的话，那么就要尽量保持乐观情绪，你的面部表情会慢慢变得柔和美丽起来。那种最温柔的杀伤力，从此就会一直伴随着你。

有些女性为了怕脸上长皱纹，认为少笑和面部肌肉尽量少动就能避免皱纹，因此总是绷着脸，面部表情几乎没有什么变化。其实这完全是一种误解。随着年龄的增加，皱纹或迟或早总会出现的，这是不以人的意志为转移的。但呆板的表情现在就会让你显得苍老。相反，面部表情生动活泼的人，虽然眼睛下面已有了笑纹，但看上去仍然是个快乐而讨人喜欢的女子。

塑造你的声线，展现温柔的女性之美

声音一直有着美妙而神奇的力量，尤其对女人来说，如同她的第二张面孔。

每个女性的声音都有她自己的特点，要想完全改变是不可能的。我们所说的“迷人的声音”是通过对音调、音量、语速的控制，达到入耳动听的效果。

在好莱坞的女影星中，奥黛丽·赫本的声音算不上多么优美和性感，她的声音之所以受到人们的喜欢，除了他们的确喜欢赫本这个人外，也因为她的声音非常特别，语言的节奏也很有个人特点，很容易给人留下深刻的印象。

在影片《蒂凡尼的早餐》中，赫本抱着吉他弹唱《月亮河》。她并不是一个专业的歌唱演员，也没有一副可以唱歌剧的好嗓子，正因为这个原因，在她后来出演《窈窕淑女》时，所有的歌曲都不是她亲自演唱，而是由马尔妮·尼克松配唱。然而赫本坐在大楼的防火通道里弹唱《月亮河》的一幕却成为电影史上的经典。亨利·曼奇尼是赫本的好朋友，也是当时著名的作曲家，赫本很多部电影中的原声音乐都是由曼奇尼制作的，他在20世纪70年代后期的报纸上撰文，谈起了赫本的声音给他带来了多么大的震撼。

“对一名作曲家来说，很少会仅仅因为一个人，因为她的容貌或者人格而被激发出创作灵感，但是有一个人真的做到了。她不仅仅激发我写出了《月亮河》，还有《谜中谜》和《俪人行》。如果你听过这些歌曲，你一定能够猜出是谁激发我的创作灵感，因为在这些歌曲中都明显带有赫本强烈的个人气质——一种淡淡的忧伤。通常来说，我需要完整地看一遍电影，才能够为电影谱写音乐，不过创作这几首曲子的时候，我只是看了剧本而已。**当我第一次遇见赫本的时候，我就知道《月亮河》会成为一首非常受欢迎的歌。我了解她的声音特质，我早就相信她能够把《月亮河》演绎得尽善尽美，没有人比她更能够体会这首歌的含义，也没有人比她更能够表现出自己的感受，时至今日，仍是如此。”**

不管你的音质如何，在声音中注入了感情的力量，它就是感人至深的。

阿根廷前第一夫人埃娃·贝隆被誉为“阿根廷玫瑰”，从“拾煤渣的乡下女儿”到酒馆伴舞女郎，从杂志封面女郎到第一夫人，埃娃·贝隆利用自己的美貌和智慧不断提升着自己的地位。

少女时代的埃娃并不迷人，她身躯弱小，瘦骨嶙峋。不过，只要细看，就可以发现她容貌的一些动人之处。鹅蛋脸，高额骨，鼻子小巧端正，嘴巴大小适中，牙齿整齐洁白，前额也许太宽了一些，但更显示出天姿聪慧。更重要的是，她在歌舞和朗诵方面展现了自己的天赋。

埃娃离开家乡，到首都布宜诺斯艾利斯闯天下的时候，既没有专门技术，又没有什么特长，只能以伴舞女郎、酒吧歌女、封面女郎、舞台剧中的小角色惨淡度日。后来听从大导演卢卡斯·德玛雷的建议，投考贝尔格兰诺广播公司。

凭着美丽的容貌与优美的声音，埃娃征服了贝尔格兰诺广播公司的主考官们。他们几乎用不着经过任何考虑就录取了她。1939年5月，当埃娃刚刚过完她20岁生日时，她的声音第一次传遍阿根廷的大街小巷。

此后埃娃的事业风生水起，她的声音几乎成为人们生活中不可缺少的声音。许多人一下班就来到广播公司门口，为的就是见一见这位姑娘。埃娃在舆论界、新闻媒体和公众中的良好形象和巨大的影响力很快引起了政界的重视。在一些官员的支持下，埃娃获得了许多在公众活动中露面的机会。当年的乡下姑娘现在有机会接触那些曾经遥不可及的大人物，这无疑为日后成为阿根廷第一夫人搭起了

一道天梯。

声音是女人五官、身材以外的另一件犀利武器。一个女人如果拥有柔美动人的声音，虽不能说百战百胜，她前面的路却无疑会宽广许多。

声音一直有着美妙而神奇的力量，尤其对女人来说，如同她的第二张面孔。如果一个女子外表举止很美，说话的声音却不尽如人意，那么她给人的印象就要打一些折扣了。

甜美圆润或浑厚磁性的嗓音会给人留下美好的回味和遐想，会在第一时间抓住别人的心。聪明的女人会注意自己声音的力度、音阶和速度，就像一个音乐家时时关注着自己演奏的音乐是否优美动人。温柔的语言、温和的态度、婉转的音调、悠扬的旋律，这些加起来会使一个面貌平庸的女人变得异常有女人味。

女人的声音是可以训练的，这跟女人的形体一样。现在满大街都有训练形体的机构，就是没人去开一间训练女人声音的店。这应该是大生意，因为形体再好，声音不好也会遗憾。有些女人形体不错，但一发声，男人就想跑。不少女人认为声音是天生的，由不得自己，这种观点不对。女人不注意声音的培训，往往会使凤凰变乌鸦，失去魅力。所以，女人像训练形体一样去训练声音，不仅能增加自信，而且能在关键时刻帮助女人改变自己的命运。

人的声音是由发音器官来决定的，但是通过科学的发音方法练习可以弥补声音的先天缺陷，增加声音的魅力。天生就拥有一副好嗓子是非常幸运的事情，但是专业的节目主持人必须经过长时间的发音练习，改善音质和音色，才能发出准确清晰、悦耳动听的声音。全球公认的最有气质的东方女性靳羽西在刚开始当电视主持人的时候，也找过几位语言专家向他们请教说话的技巧。

自己的声音要靠自己来训练。如果想知道在别人耳中听到你的声音是怎样的，可以用录音机，把自己对着麦克风说话的声音录下来，然后放给自己听。就这样反复地听，反复地练习，用这个办法就能检验自己对声音的训练是否取得了满意的效果。

自然的声音才是悦耳的，要注意，交谈不是演话剧，无论是什么样的语音，都应自然流畅，故意做作的声音只能事与愿违。我们所说出的每一个词、每一句话都是由一个个最基本的语音单位组成，然后加上适当的重音和语调。正确而恰当地发音将有助于你准确地表达自己的思想，使你心想事成，也是提高你的言辞商数的一个重要方面。

女人要淳朴，但也要有生活情趣

女性保持一些健康的嗜好，才会使自己的生命更有一种真实的感染力。当你喜悦地、专注地去做一件事的时候，你的存在才会有特色。

有些女人五官也很标准，身材也很苗条，可是给人的感觉，总是很“生硬”，很“麻木”，离魅力女人差着很大的一段距离。她们所缺乏的，是一种生活的情趣。

女人年轻时，不仅要让容貌可人，情趣，更是提升魅力的法宝。一个有文化、有修养、有情趣的女孩，其魅力可保持终生。

很多人也许会误会，认为没情趣的女性就是那些无知无识的乡下妇人，事实上，情趣更多地表现为一种生命的张力，当一个高贵的知识女性被一种刻板的生活所包围，被一种不变的形象所束缚时，在她的生命里已经出现了枯燥乏味的迹象，如果不做出调整，生活的情趣将离她越来越远。

奥黛丽·赫本的魅力之所以不分地域、穿越时空存在，是因为她的美，更因为她是个活色生香的女人。

赫本喜欢自然的乡村生活，在她心中，瑞士始终占有特殊地位。作为中立国的瑞士让赫本免受战争的骚扰，就像当初母亲选择祖国荷兰一样。

和平之邸是一座18世纪的农庄，这座石头堆砌的居所有8间卧室，周围有白色围栏围绕，就是在这里，赫本度过余生。**村庄位于城市的近郊，四周环绕着阿尔卑斯山、葡萄园、果园和日内瓦湖畔。她说："第一次来到这个地方时正值春季，果树繁茂，生机盎然，我的心脏几乎停止了跳动。我是属于这里的！**

"只有在瑞士乡村的日子才让我回归自然，放下伪装，做真正的自己。我有一个漂亮的玫瑰花园，一个果园，还会腌制果酱和果冻。

"可能这是一句陈词滥调，但是我心目中的天堂确实就是让罗伯特和儿子都陪伴左右。我痛恨分离。小狗、好看的电影和电视节目、丰盛的晚餐，还有一家人其乐融融，这样的场景让我感到幸福，我的目标不是过上奢侈的生活。我从小就梦想拥有一间带花园的房子，现在我拥有了，我的梦想成真了。"

赫本虽然是国际风云人物，但她性格内向、天性敏感、内心紧张易怒、神经质，极易受到伤害，且胆子十分小，连开车和骑马都十分害怕。正因为如此，她十分喜爱小动物。有一只小狗是她形影不离的伙伴，闪亮的眼睛，通身棕色长毛，十分可爱。赫本给它取名"出名"，每天都要用芳香的狗毛洗发香波给它洗澡、梳毛、修剪爪甲，与它一起散步，把它视作家庭成员。

赫本对小动物的宠爱几乎到了依恋的地步。拍摄《窈窕淑女》时，她心爱的宠物金丝雀从鸟笼逃出，赫本急昏了，有如丢了心爱的孩子似的，哭得像个小姑娘。她几乎叫了当时在身边的所有朋友去寻找，费尽无数夜晚的周折，最后终于找到，她高兴得不得了，又惹得泪眼模糊。

我们喜欢奥黛丽·赫本，对于她世界影星的头衔也许还不放在心上，但奥黛丽·赫本这么一个柔软感性的小女人，一如身边的闺密，这就让大家感到无比亲切。

女人在为生活奔忙的时候，不妨停一下，看看身边的风景。接触不一样的生活，可以让女性发现自己，更加喜爱自己，然后以更加充盈的活力与魅力，面对未来。

为了不让自己的魅力枯萎，女性朋友在开阔眼界的同时可以选择不同的方式为自己充电。注意时事、关心环境、了解政治、接近人文，新世纪女性拥有热切求知的好习惯，书籍、电影、信息光碟、网络将是她们最好的伙伴。一个知识与智慧、美貌与才情兼备的女人才会充满了活力与信心，也才会真正对男人有吸引力。

退而求其次，女性保持一些健康的嗜好也会使自己的生命更有一种真实的感染力。当你喜悦地、专注地去做一件事的时候，你的存在才会有特色，自己才更有自信。有魅力的人首先要有特点，不然怎么能显出你卓然不群呢？其实你爱干什么都行，只要能干出点特色来就成。

可以爱的东西很多，可爱的小把戏也很多，学什么都可以，只要肯用心就行。比如欣赏音乐、搞特色收藏、插花、手工等。只要平日多用点心，从身边简单的事情做起，就能慢慢培养自己的情趣、品位。

女人有很多美丽的时候，一个专注地做一件事的女人也是美丽的。那些事业有成的男人当然不会希望自己所爱的人是一个很无聊、很乏味的人。他希望看到自己心爱的女人专注于一件自己热爱的事业，哪怕这事业仅仅是冲一杯咖啡、织一件毛衣，甚至是插一个花篮。让他安静地坐下来，沉浸在对你的欣赏中，这难道不是一件很幸福的事情吗？

情趣的价值不是附庸风雅，而是通过善待自己、充实自己，从而使你充满一种与众不同的吸引力。男人的心其实是很奇怪的，如果你整天无所事事，只想黏着他，他会觉得不胜其烦，但是当你收回放在他身上的心思，专注于自己心中所爱时，他反而会对你充满兴趣。

每个青春洋溢的女孩看起来都是那么清纯可爱。但是等她们变成成熟的女性时，有魅力的女人和没有魅力的女人之间的差别却非常之大，年轻的女孩着意栽培自己的情趣之美是让自己永葆魅力的最重要的秘诀。

女人要在举手投足之间展现你的魅力

优雅的举止和文明得体的谈吐，往往是你征服别人的第一步。而无意之中那些“不入流”的言行举止，也是毁你没商量。

女性的衣饰、发型、声音、体态是她的第一层魅力的标签。当大家坐在一起开始更进一步的交往时，每个人的言谈举止、气质风度，就要重新接受众人眼光的考量。

优雅的举止和文明得体的谈吐，往往是征服别人的第一步。而无意之中那些“不入流”的言行举止，也是毁你没商量。

奥黛丽·赫本是“落入凡间的天使”，的确，只有赫本配得上这一称呼。下面是他人眼中奥黛丽的形象，他们都是她的朋友，同时，也都是好莱坞大名鼎鼎的导演、摄影师和演员。

“唯一可以盖过蒂凡尼珠宝光芒的人便是赫本。”亨利·普雷特说。

“奥黛丽·赫本呈现的是一些消逝已久的特质。例如：高贵、优雅与礼仪……上帝都愿意亲吻她的脸颊，她就是这样一个讨人喜欢的人。”比利·怀尔德说。

“她把所有人都当朋友看待。她能与人保持距离，又不会表现出冷淡和失礼。她魅力十足，每个人都愿意接近她。”斯坦利·唐南说。

“当你深陷绯闻和诽谤中时，才会知道谁是真正的朋友。”伊丽莎白·泰勒说。

“她所到之处，无论是欧洲还是美国，人们都尊敬她。我真想不出其他任何人能像她这样对曾经一同工作过的朋友如此真心实意。”鲍伯·威洛比说。

“在她觉得对方值得信任时，她就会为他付出一切。如果后来朋友令她失望，那这对她来说不啻是世界末日。”罗伯特·沃德斯说。

“赫本是个真正关心他人、善于聆听的朋友。很多人做不到这一点。只有出于对朋友真正的关心才会认真聆听。我对于一半听到过的话语都充耳不闻。赫本却能做到侧耳细听。”桃瑞丝·布莱娜说。

时尚潮流总是因为时代而发生变化。但是，无论潮流如何演变，所谓仪态——时尚的终极目标，则完全是后天培养出来的，见识、修养、学问、思想等，影响着人的言行举止，这是一个人的仪态。

如果你身处下层，举止谈吐却符合上层的文明，那么你的上升空间就非常广阔；相反，如果你如今正处于“上流”的位置而时不时就露出一些“下流”的粗陋举止，那么无论你是谁，都难以得到人们的尊敬。

美国前第一夫人，里根的夫人南希，就曾经因为一些不够尊贵、不够大气的言行，而饱受媒体和大众的讥讽。

在里根夫妇初入白宫的时候，对总统来说，南希的确是个包袱，她的矫揉造作让人犯恶心。她在电视上宣布，连里根夫妇在通货膨胀的日子也必须节俭和"勒紧裤腰带"，但"为了克服困难，连我丈夫高达20万美元的年收入也不够我们花，虽然我们已经非常节省了"。那时，一个工人的年收入平均才不到1万美元。白宫对南希来说都不够富丽堂皇。"这简直不是值得我们骄傲的、能够邀请朋友的地方。"她用惯常方式抱怨着。

在一档电视节目里，脱口秀传奇明星约翰尼·卡尔松讽刺道："我在报纸上读到，南希·里根召开了一个记者招待会，虽然记者被严格禁止提问，但仍然有几个人打破封锁。一个问题是针对里根夫人的宗教信仰，对此我们众所周知，回答就是克利斯汀（英文发音与基督教一词相近）·迪奥，她最喜欢的小吃，就是鱼子酱。有人问到外交问题，问她对红色中国（英文同瓷器）怎么看，她说：'是啊，但最好别放在黄色的桌布上。'"

被邀请参加查尔斯王子和戴安娜的婚礼应该是她个人生涯的王冠。南希比女王本人还想像女王一样地露面，并且计划她的出场要像好莱坞般轰动。在去参加查尔斯王子的一场马球赛时，南希由一支黑色车队和警察护卫队以及直升机陪伴，而女王却自己开着她的越野车。"昔日的小明星"现在也开始被英国的媒体取笑——开始是她拒绝行宫廷的屈膝礼，再就是关于她满满的日程安排和飞扬跋扈的举止。

很少有人天生个人魅力超群，要使自己成为一个受大众欢迎的人，可以在社会的大课堂里悉心接受磨炼。表现你的文明与教养，可以从一些小细节开始。

无论是开会、赴约，还是做客，有教养的人从不迟到。他懂得，即使是无意识的迟到，对准时到场的人来说也是不尊重的表现。万一由于某种原因开会迟到了，那么他就会尽可能悄悄地走进会场，力求不因为自己的到来而影响别人。他会坐在紧靠门口的椅子上，而不是在屋里来回走动，到处去找座位。

有教养的人从不打断别人的讲话。他首先要听完发言，然后再去反驳或者补充意见。在这种情况下，急躁和慌乱不仅不能加速解决事情的进程，反而会引起神经过敏和思维紊乱，以致延误问题的彻底解决。

有教养的人在同别人谈话的时候，总是看着对方的眼睛，而不是翻阅文件，来回挪动什么东西，或者摆弄铅笔、钢笔等，因为这些动作只会反映出不耐烦的情绪，使来访者发窘，以致打断人家的思路。其结果只会占去谈话双方更多的时间。

有教养的人从不生硬地断断续续地回答别人的问题。明确简练和简单生硬毫无共同之处。

无论是工作还是休息，有教养的人在与人交往时从不强调自己的职位，从不表现出自己的优越感。

有教养的人遵守诺言，即使遇到困难也从不食言。对他来说，自己说出来的话就是应当遵守的法规。

当我们心中目标明确，知道要把自己打造成什么样子时，就可以按照那个想象中的形象来塑造自己。每个细小的侧面加起来就是一个完整的大概念。这时候，无论你的风度素养还是思想见识，都已经发生了脱胎换骨的改变。

第十章

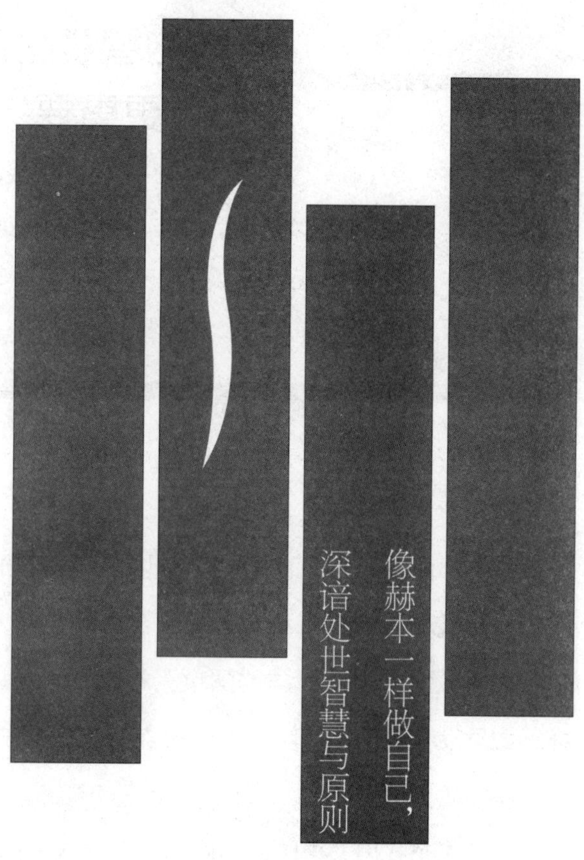

像赫本一样做自己，深谙处世智慧与原则

赫本的才能并不能归功于我。如果她真的富有才华，那应该是上帝赋予的。我还应该感谢碧蓝的天空和皇家学院的佛兰德画展。

——母亲艾拉·凡·海姆斯特拉·赫本·拉斯顿

女人的智慧比容貌更重要

智慧绝非凭空得来。它可能要经过很多人事的辗转与历练才能最终沉淀，智慧与一个人的内心世界有关，亦与经历有关。

人们常常喜欢用花来比喻女人，花有千姿百态，有热情奔放的，有淡雅清香的，有郁郁芬芳的。而女人当然也是千娇百媚的，有优雅端庄的，有冷艳娇媚的，有热情豪放的。每种花都有自己独特的芬芳，而不同的女人也有各自的精彩。如果没有牡丹花那样的国色天香，那么你应该去学习梅花的铮铮傲骨。同样，如果没有西施那样倾国倾城的姿色，那么你就得要让自己才华横溢。也就是说，如果你长得不好，那就要让自己有才气。

曾经有个找出“中国最美丽的50个女人”的活动，有个姿色平平的女子独占鳌头，她就是于丹。她虽然相貌平平，但是她的才气却是不平凡。于丹靠自己的才华把《论语》解析得玲珑剔透。虽然她的姿色远落后于名单上的那些女子，但是她的才气足以让那些拥有漂亮脸蛋的女人黯然失色。

作家林清玄在《生命的化妆》一文中说到女人化妆有三个层次，第一层是涂脂抹粉，表面上的功夫；第二层的化妆是改变体质，让一个人改变生活方式、保证睡眠充足、注意运动和营养，这样她的皮肤会得以改善、精神充足；第三层的化妆是改变气质，多读书、多欣赏艺术、多思考、对生活乐观、心地善良。因为独特的气质与修养才是女人永远美丽的根本所在。

女性的美丽出于天然，可爱乃是本性，只有智慧绝非凭空得来。它可能要经过很多人事的辗转与历练才能最终沉淀，智慧与一个人的内心世界有关，与经历亦有关。

童年时的奥黛丽·赫本爱书如命。她最喜欢的书有罗德亚德·吉卜林的《丛林故事》、约翰娜·斯比丽的《海蒂》，还有弗朗西斯·哈吉森·班纳特的《秘密花园》。

赫本一生都把读书作为最重要的消遣。她通过信件收到《安娜·弗兰克的日记》时已进入成年。书中的安娜透过阁楼的窗户目睹了二战时惨绝人寰的场景，抒写了在磨难中心灵的转变。战争开始时安娜和赫本都只有10岁，战争几乎毁了安娜。

“安娜的故事发生在荷兰的另外一个城市，但是我的经历和书中的描述惊人地相似——不但是发生在外面的事件，还有一个女孩转变到女人过程中的内心世界的感受，而我们的转变都发生在牢笼一样的世界里。她描述了自己的幽闭恐惧症，却把这种恐惧用对自然的热爱、人道的认识和对生活的憧憬表现出来。”

赫本就是另一个安娜的化身，她们同样把苦难沉淀于心底，把爱留存人间。

读书让赫本认识了世界，同时也清醒地认识了自己。对于世人的追捧，她说：**“坦白地说，我从不关心自己的公众形象。如果我过分在意其他人的看法，一定会发疯的。对于别人的评价我从不信以为真。”**

“我根本没有什么自我形象。形象存在于众人的眼中。”

“并不是我的身价飞涨，而是通货膨胀更严重了。”

“腹有诗书气自华”，用这句古话去验证气质型美女，准确性相当高。一定的文化涵养能使人较为从容自信，言谈举止也会更有分寸感。

20世纪30年代，林徽因在北京东城北总布胡同家中的“太太的客厅”里，结交了当时不少才华杰出的人才，不只是人文学科的学者，连许多自然科学家都对那里流连忘返。她收放自如，将女人特质随心所欲地发挥到极致。因为她身上既有人格的魅力，又有女性的吸引力，更有智慧的影响力。

此前，林徽因风姿绰约，许多人都向她投来爱慕的眼光。从感情上来说，林徽因对徐志摩很欣赏。徐志摩的诗文像春天里的一缕清风给她带来满怀的温柔。但是，林徽因虽然具有浪漫气质，也不乏理性。睿智的林徽因意识到徐志摩身上并没有成熟男人所具备的那种沉稳庄重，相反，他追求的是浪漫，向往的是浪漫，这与现实有很大的距离。于是，林徽因选择了与自己有共同爱好的梁思成，这就是知性女人的明智。尊重别人、爱惜自己，既温柔又洒脱，使人感到轻松和愉悦。

后来，当梁思成问林徽因为什么没有选择徐志摩而选择他时，聪明的林徽因巧妙地回答道：“我想我要用一生来回答这个问题。”这句话没有那么明确的态度，却是一个绝妙的回答，让事实来回答不就是最好的回答吗？这充分体现了林徽因作为知性女人的灵性与弹性的统一。灵性是心灵的理解力，天生慧质、善解人意，怎能不令人感到无穷的韵味与魅力呢？

有很多女人即使经历了无数的事情，却始终参不透人生的一些道理，比如爱情，比如梦想，所以常会在一个地方摔倒，容易迷失在命运的洪流当中。而聪明的知性女子偶尔也会哭泣或者大笑，但是她们的心境是平和的，这让她们在任何时候都处乱不惊，有着坐看闲云的气度和风范。现代化都市的女子总是很容易被各种物质所诱惑，然后以一种小资的姿态来宣扬着自己的品位、脱俗、与众不同。但是当深夜来临的时候，她们又陷入孤独落寞中无法自拔，虚荣让她们失去了平心静气的勇气和能力。知性女子则可以心平气和地行走于物质当中，享受着物质，她们不会让自己的精神贫穷，即使是寂寞的，她们也知道如何去享受。面对各种纷争与复杂，她们可以淡然一笑，那份坦然与纯真让无数人望尘莫及。

在当今繁华而充满了危机和诱惑的世界里，只有智慧女人才可以走好自己的路。如果以为今天被人喜爱和崇拜的公主形象还是一头柔顺的长发，一双纯情的大眼睛，那么是该让好梦醒来的时候了。

做事有原则，学习处世之道

没有规矩不成方圆，只有给自己定下心中的规矩，才能走正确的道路，不去做蠢事坏事，不去做愚而诈的事。

成功的标志是什么？财富、地位、声望、名誉、权力……这一切的一切，也许是人们期盼拥有的，但世界上有如此多为权力而钩心斗角、为地位而委曲求全、为财富而不择手段的例子，这是真实意义的成功吗？其实，在这些病态的追求成功的过程中，失去的往往更多。

社会就是一个复杂的机器，它很容易让人失去本色，容易磨光一个人的棱角，只有站直了，虽外圆还能内方，才不至于成为见利忘义的庸人。因此，我们无论在什么时候都应该坚守自己做人的底线。

作为女性，更应该及早给自己画下一条明确的底线，做人处世不逾矩，这样才能活得清爽自在。

奥黛丽·赫本最为人称道的品质，一是对友谊忠诚，一是对工作追求完美。

每个人都喜欢赫本。她率真的个性和善良的心灵吸引着所有的人，而她的忠诚则能拉近与人之间的距离，从没有人对她恶言相向。

她最著名的一段友谊是与设计师休伯特·德·纪梵希。当赫本走进纪梵希在巴黎的设计室时，不但觉得他设计的服装美丽绝伦，还发现设计师本人也富有人格魅力。

派拉蒙电影公司的服装设计师因设计电影《龙凤配》的经典服装而获得奥斯卡奖，而剧中的服装本出自纪梵希之手。当时，赫本致电纪梵希，表示道歉，她说不会再让这样的事情发生。她说到做到。**纪梵希说："赫本确实是一个忠诚的人，她从没有忘记与我的第一次会面。她因为我在与她毫不熟识的情况下愿意帮忙而感动。在她以后拍摄的每一部影片中，她都请我帮她设计服装。"**

他们之间的合作不但开创了被称为"龙凤配式的低颈露肩"新潮流，还促成了两人日久弥深的深厚友谊。

赫本一生共拍26部影片，这在欧美著名演员中应该算是最少的了。但她的每一次表演几乎都让人永久难忘。她拍片精挑细选，宁缺毋滥，从影26年，平均每年只拍一部电影。《罗马假日》成名后，她不但慎选剧本，而且只和一流导演合作。所以，赫本拍的每一部片子水准都很高，卖座也好，获得影界和评论界的一致好评。《罗马假日》自不待说，1956年《战争与和平》公演后，观众写信给报社说："赫本演得如此出色，以至于我每次翻开小说《战争与和平》，一副赫本面孔的娜塔莎就跃然纸上。"《蒂凡尼的早餐》中，赫本饰演一位玩世不恭、肤浅虚荣的社会下层年轻卖笑女子霍莉·戈莱特丽。该片公演后，在社会上引起强烈反响。据《华盛顿邮报》报道，几个大学生"被赫本弄得神思恍惚达一周之久，似乎有一种摆脱不了的魔力，天天晚上把他们拉到影院去看霍莉·戈莱特丽。"该片的主题歌《月亮河》为亨利·曼西尼专为赫本所作，并由赫本亲自在片中演唱，后来不仅获得奥斯卡最佳歌曲奖，而且风行一时，成为欧美流行最广的电影歌曲之一。

奥黛丽·赫本恪守规则，律己甚严，这使她在纸醉金迷的电影圈中终生保持着天使一般的形象。

底线是做人的标尺、原则，是一个人判断什么事能做、什么事不能做的标准。没有规矩不成方圆，只有给自己定下心中的规矩，才能走正确的道路，不要去做蠢事坏事，不要去做愚而诈的事，不要去做逞一己之私愤而置后果于不顾的不负责任的事等。守住底线是最起码的要求。

有一个流亡海外的女孩子因为能讲一口流利的英语和法语被英国特工组织看中，加入了英国的特工组织。她性情急躁，其实并不适合做特工工作，所有同事都不看好她，认为让她做间谍，无疑是为敌国送上一座秘密的宝矿。

正在这时，英国在法国的一个秘密电台被纳粹分子破坏，因为电报员奇缺，她被暂时派遣到法国从事电报收发工作。果然，正如大家所预测的，所有的训练过程都对她没有丝毫用处。组织上让她拿一份敌国驻军图送给地下交通员。她到了接头地点后，怎么也想不起接头暗号，情急之下，索性把地图展开，对着来来往往的人群进行试探："你对这张地图感兴趣吗？"幸运的是，她很快遇上了两位地下交通员，他们扮作精神病人，迅速地掩盖了这个可怕而致命的错误。

不仅如此，她认为越是繁华的地段越安全，于是自作主张把秘密电台搬到了巴黎的闹市区，可是她不知道，盖世太保的总部就在离她一街之远的地方，如果在晚上，盖世太保们甚至能听见她发报的声音。终于在一天夜里，盖世太保们把这个胆大妄为、正在发报的间谍逮捕了。英国特工得知她被捕之后，都后悔不已，如果这个天真的姑娘在盖世太保的刑具下毫无保留地说出一切，那么对在法的特工组织将是一个重创。出乎意料，盖世太保们用尽了种种残酷的刑法都无法撬开她的嘴。盖世太保对这个被折磨得半死的外表柔弱的女孩简直肃然起敬了。

她的名字叫努尔，曾是一位印度王族的娇贵女儿。二战结束后，英国政府追授她乔治勋章和帝国勋章。

为什么这样一个不称职的间谍能够获得英国政府的最高奖赏？官方的解释是，对敌国而言，梦寐以求的是间谍的背叛，这等于无形的巨大宝藏。但这个很笨的女孩儿至今都没有吐露一个字。一个人需要技巧和智慧，但最不能缺少的是原则和信念。这就是一个间谍最出色的地方，所以这个女孩被认为是一位优秀的间谍。

人生需要一些原则，更需要持之以恒地坚持这些原则，只有这样，人们才能信任你，才能塑造完美的人格。

现在有许多人之所以走向失败，就在于他们无所顾忌，任作妄为，跨越雷池，总想事事为人先。殊不知，任何一个名利的诱惑之下都深埋着一个陷阱，稍有松弛，就有可能落入圈套，再也没有机会爬起。因此，对于成大事的人而言，越名位的事应该慎而又慎！

美丽女人都懂得为自己释放压力

如果我们能拥有一颗宁静广博的心，就不会因为环境的压力而灰心，不会因为眼前的困苦而沮丧。

每个女人在小女孩的时候天真可爱，对未来充满憧憬，此时她们是单纯的，也是快乐的。随着年龄的增长，婚姻、家庭、职业、家务、经济状况一样样摆在面前，于是许多女人活得忙忙碌碌、心浮气躁。长此以往，压力转化为不良情绪，看什么都不顺眼，生活变得一团糟。

对于女人来说，出身、环境乃至某一段人生遭遇都不是自己所能选择的，唯一可以控制的，就是自己的心情。如果能拥有一颗宁静广博的心，就不会因为环境的压力而灰心，不会因为眼前的困苦而沮丧。有好心情的女人，不论是在生活还是在工作中，随时都有碰到好机会的可能。

奥黛丽·赫本或许看起来像个养尊处优的公主，其实她处在并且永远待在这个世界上最严酷、竞争最激烈、最苛刻的职业顶峰。作为一个女演员，她成功的部分原因是她永远清楚自己是谁，并且保持着她难能可贵的本性。

赫本喜欢音乐，喜欢舞蹈。在闲暇时光里，她喜欢听爵士乐，据说她走到哪里都要拖着她的慢转密纹唱片。同样她很有语言天分，会四国语言。她有许多喜好——小狗、服装店、威廉·霍尔登（有段时间），偶尔喝点苏格兰威士忌。

对工作，赫本追求完美，但在私下的生活里，她是十分有趣的。

赫本认为笑是拉近友谊最快的方法。她从不轻易表现于公众的幽默感让朋友们愿意亲近她。当事态发展到低谷时，她总能用一个笑话把大家逗乐。

她的密友兼合作者，好莱坞最绅士的男演员格里高利·派克说："大多数人都认为赫本具有贵族气质，而我觉得她是一个阳光灿烂的人。她幽默诙谐、谈笑风生，她的这个特点可能会让所有不熟悉她的人大为惊讶。她总能在拍摄过程中让我大笑，活脱一个喜剧演员。"

在我们的生命中，情绪总是伴随我们的左右。若能恰当地处理，调动它们，这些经历可以为生命添加色彩，成为生活中的享受。反之，情绪可能会成为负担，侵蚀生命。

一个人的情绪好坏是受他当时的思维影响的，只要不钻牛角尖，就会发现世上几乎没有什么事情不可以寻找到一个平和的解决方案。比如你在和一个人争吵时，如果心里一直在想对方做了什么很过分的事情，觉得他是错的，情绪就会越来越糟，火气也越来越大，但如果这时理智一点，在心中告诉自己也许自己的观点有些不对，也许是对方有苦衷，也许这件事可以通过讨论来解决……激动的情绪就会平静下来，心情也会好一些。所以，在遇到什么事情感觉自己情绪不对时，可以提醒自己跳出当前的场景来仔细想清楚："这样发脾气有意义吗？不但对自己的身体有害，甚至会造成对方的伤害和我们之间关系的恶化。这样对解决问题有帮助吗？其实我可以通过其他途径来解决的！"这样想了以后，情绪就会缓和下来，也可以更好地处理各种问题。

无论怎样都不要把工作和生活混为一谈，抛弃了女性应有的温柔，把在工作中的成功经验运用到日常生活中，这样不分时间地点的处世方法只会带来无尽的麻烦和困扰。由于工作繁忙，没有时间和精力去表达爱心，去做比较有人情味的事，会使自己的情感处于压抑的状态，无从发泄，时间长了，自然会感到烦躁不安，并不经意地表现出来。

如果长期处于不良的心情状态，人的面容会变得晦暗无华。因为皮肤内黑色素的合成受脑垂体控制，郁郁寡欢的不良心情会导致神经内分泌失调，造成上皮细胞合成黑色素的量增加。忧愁还会影响皮肤的供血，使人的面容失去光泽。

人体在心情愉快时，其内脏器官活动会发生改变，如心脏跳动更均匀有力、肺活量增加、肠胃平滑肌蠕动加快，呼吸、消化、循环系统都得到很好的开发，肌体免疫功能得到增强，人渐渐地容光焕发。因此，对人谦让宽容，性情豁达开朗，保持良好的心情，会令人洋溢着迷人的风采。

给自己减压，可以试着从下面几个方面做起。

尊重信任他人

生活在社会中，必须与人进行交往，如果你对人际交往表现冷淡，这说明你对人的信任和你那孩子般的天真已被自我封闭心理毁灭了，因而也不会从中获得应有的快乐。所以，应学会尊重、信任他人，学会放松自己，努力去寻找生活乐趣。和朋友聊聊天，和初相识者打打招呼，和同事娱乐一番，使自己不至于走向封闭的深渊。

学会说“真有趣”

生活中常常会发现在大人眼里一点都不觉得有趣的事在孩子们眼里却是那么有趣可笑。正因如此，孩子们的烦恼不会久留心中，如果女人也像孩子一样，对什么事都觉得“真有趣”，那么生活中就会常常充满开怀的笑声和无限的欢乐。

顺其自然

我们习惯于干什么事都要先制订计划，这样才能把事情办好。但现实生活中并不一定都要刻板行事，如果你对每件事都精心策划，以求万无一失的话，就会不知不觉地把自己的感情紧紧封闭起来。你应该回忆一下自己的童年，重视生活中偶然的灵感与乐趣，有时能让自己轻松高兴一下就行，不要整日奔忙于一个明确目的或一个难题，那样会很累的，要懂得快乐是人生的一个重要的价值标准。

不要压抑自己的真实情感

生活中会有许多令我们陶醉动心的事情，应当真实地表露自己的情感。要是你和挚友分离在即，那就让即将涌出的泪水顺利地流出来，不要强忍。

女人要懂得自我反省，不断成长

即使对于那些木已成舟的错误，明智的女人也会选择抽身而退，另换一个地方打造自己的根据地。而徘徊犹豫，恰恰是女人的陷阱。

坚持是一种美德。作为一个起点不是很高的普通女人，追求一生的好运就要一点一点地努力积累自己的命运分数。只是在埋头向前走的过程中，你也应当时常抬起头来看看周围的路径，不能只凭着一种惯性奔跑，而忘记了自己的目的地在哪里。

有时候，我们只是很茫然地做着手中的事，即使总也看不到成功的希望，也会找出一些并不可靠的理由说服自己，“不这样做，我又能干什么呢”，或者是“再坚持一阵子，有机会再找别的出路”，如此等等，直到无数的大好时光白白过去，年轻的女孩变成苍老憔悴的怨妇。

这时候，你需要从“赫本精神”中寻找一些力量。

认真研究奥黛丽·赫本的生平，你会发现她的一生在不停地尝试着、改变着。

她自幼学习芭蕾，长大后变成一个电影演员，晚年又成为联合国的亲善大使。

她在大红大紫时，为了家庭息影，又在告别影坛7年后复出。

她两次结婚、两次离婚，然后又开始寻找新的爱情。

她经历了父母离异、战争、婚变、流产、爱人的离世，她是奥斯卡领奖台上的影后，也是在乡村和奶牛住在一处的主妇。

对于给了她最大的幸福也给了她最深伤害的爱情，奥黛丽·赫本说：“我们都渴望被爱，每个人都在寻找获得爱情的方法。不管你的职业是什么，对于爱情的求索是永恒的。”

“我相信我的感觉。我一直让感觉左右我的行动。”

“我是个浪漫的女人。没有浪漫就没有我的存在。”

奥黛丽·赫本有一颗勇敢的心，有着随时推翻过去重新来过的勇气，在这一点上，她不像个温室里的公主，倒像个抗击命运的女王。

在我们的社会生活中，女人通常都是在扮演次要的、辅助的角色，很难做大自己的人生格局。那么，真的是女人的能力不及男人吗？答案是否定的，女性在事业上不容易开创新局面和她们的性格特点、思维方式有很大的关系。女人大都是和平主义者，害怕冲突，不喜欢变动，所以在思考问题、解决问题的时候常常被定式思维束缚了手脚。

女人要想有所作为，就要认真审视自己的处境，反省自己的所作所为对长远的人生是否有益，训练自己逐步开拓新的生活，有尝试，才可能有进步。

有两只蚂蚁想翻越一段墙，寻找墙那头的食物。一只蚂蚁来到墙脚就毫不犹豫地向上爬去，可是每当它爬到大半时，就会由于劳累疲倦而跌落下来。可是它不气馁，每一次跌下来，又迅速地调整一下自己，重新开始向上爬去。

另一只蚂蚁观察了一下，决定绕过墙去。很快地，这只蚂蚁绕过墙来到食物前，开始享受起来，而另一只蚂蚁还在不停地跌落下去又重新开始。

反省和放弃，不是自认失败，而是在寻找成功的契机，今天的放弃是为了明天的得到。放弃，也许使女人为期待的目标失去了许多，有些甚至是很珍贵的，可你不应该后悔，要知道没有放弃，就不会有更牢固的拥有和获得。

如果你以相当的精力长期从事一种事业，但仍旧看不到一点进步、一点成功的希望，那就不必浪费时间了，不要再无谓地消耗自己的力量，而应该再去寻找另一片沃土。目标是一种方向，需要恰当地选择。假如你的一个目标发生了问题，应当马上更换一个目标，这样才能挖掘出你自己的潜力！

如果你曾经以全部热情去爱一个人，而他留给你的只有冷嘲热讽的打击，或者视而不见的冷漠，那么赶紧向他挥挥手，去寻找一个能与你相互关怀的男人。世界之大，可怜你却被那一片执着蒙了眼，被一个人挡住了全部的阳光。不把你放在心上的人绝不是你的真命天子，回头之后，当你开始享受到爱的回馈、爱的体贴时，就会明白当初那一厢情愿的爱情是多么的不值。

即使对于那些木已成舟的错误，明智的女人也会选择抽身而退，另换一个地方打造自己的根据地。而徘徊犹豫，恰恰是女人的陷阱。生活坠入困境之后，她们总是安慰自己说挺一挺吧，光明就在前面！因为这种自欺欺人的念头，她们一生的大部分时间里都做着毫无希望的工作，陪伴着同床异梦的爱人。

有位心理学家讲过一个“等公共汽车”的故事，正是这些女人的写照。

在一个公交车站，一群人在等待一辆公共汽车。车晚点了，人们都没有动，坚持再等了5分钟。5分钟后，人群骚动起来，大家东张西望，开始想别的办法。10分钟后，有人打出租车走了，有人放弃等车回家了，有人干脆步行，朝自己的目的地出发。但是总有一些人，依然在那里等待着，等的时间越长，越是不能放弃。因为这时候再走，他们先前付出的时间都白白浪费了。此时他们已经忘了自己最初的目的，完全是为了等公共汽车而等公共汽车。

因为不舍得先前付出的时间和精力，所以又付出了更多的时间和精力，看起来这像是一个悖论，可是恰恰有许多女人就是这样生活的。这里面的难点是人们一旦踏上某条道路，就很难再重新选择，因为重新选择的成本太高。但当真的你

面对心有余而力不足的局面时，最好还是勇敢地走出来。人生忌恋战，有些事大局既已无望，宜迅速放弃，另谋出路，不可空耗自己一生。

扬长避短，展现你最优雅的一面

不要以为特长只是一种华而不实的东西，事实上，特长就是你的特色标签，可以让人们发现你、记住你。

不管世人如何如醉如痴地迷恋，奥黛丽·赫本依然清醒地知道自己并不是完美的，这从她对服装的选择上可见一斑。赫本喜欢穿一种小礼服，收腰紧身的上身和下身宽大的裙摆，完美的比例形成一个A字形，这就是她开创的又一个时尚——A字裙。赫本非常喜欢这种有些形似芭蕾舞蓬蓬裙的款式，因为她觉得由于从小练舞的原因，她的腿看起来比较粗，与她纤瘦的上身不合比例，而这种宽大的裙摆可以遮盖这个缺点。赫本清楚地知道自己，当别人都在称赞她的完美时，她却知道自己的缺点在哪里并加以弥补。也正是因为这样，从不认为自己美丽的她，才完美地出现在世人的眼中。

赫本的形象和她所取得的成就是上天的恩赐，更是她智慧生活的直接反映。

有句话叫作“长得漂亮不如活得漂亮”，的确，女人可以出身很普通，相貌可以很平常，但决不能让自己活得很平淡。

现代社会，满眼所见都是聪明人，都是修饰得体的淑女，如何在人群中亮出自己的风采来，可以说是个不大不小的挑战。

想想看，你身上除了性别、年龄、工作、职位这些固定的描述，还有什么更能代表你这个人呢？是特长，也就是说是别人都不行而你行或者别人都行而你更优秀之处，提起这项特长，熟悉的人都可以不约而同地与你联系起来。专业特长的影响是显而易见的，在每一个组织里，搞技术的人总有自己不可取代的位置。除此之外，就是在生活中培养起来的特长，比如体育，比如艺术，它们有时候看起来无足轻重，其实却最能体现一个人的个性魅力。

在哥本哈根的大街上，人们有时能看到丹麦女王玛格丽特二世的身影，丹麦人亲切地称她为“平民女王”，并认为她是最受丹麦公民欢迎的人。

玛格丽特特别喜欢绘画艺术。她在这方面可以说具有很好的天赋，早在上小学时，她就参加了国际儿童绘画比赛，并获得奖品。她为此高兴得跳了起来，从此，她对绘画的热情越发不可收拾。她系统地学习绘画的知识和理论，勤奋地钻研绘画技巧，苦练基本功。就这样，年复一年，她对素描、油画都有了较深的造诣，并有不少好的作品。随着她在绘画方面知名度的提高，不少出版社找她作画，她经常应邀为一些即将出版的小说、诗歌、童话、传奇故事等书画作插图，受到出版社和广大读者的高度赞扬。最为有趣的是她还喜欢在方寸之间作画。如1970年圣诞节前，她设计和绘制了一套50张连环圣诞画的邮票。这套邮票构思新颖，画面安排精巧，人物形态各异。每一张邮票上都有一个以上的天使，这些天使形象逼真、形态飘逸，有的在吹奏乐器，有的在打钟，有的在擦拭十字架，有的在排练大合唱，还有的手擎蜡烛在列队前进……好一派圣诞节的欢乐气象！这套邮票深受人们的喜爱。

女王的艺术特长，使她更有亲和力，而普通女子的专长，则会使她在某个时间内拥有女王的风采。

在一家公司里年底聚会时，大家都展示了自己的特长。他们中有的人会弹手风琴，有的会吹萨克斯，有的会唱歌，有的会跳舞，而且水平都不错。平日里看起来并不起眼的人在这一时间也变得风采动人。尤其是一个叫Sunny的女孩，会跳民族舞，会弹吉他，她虽然长得不漂亮，可是身上很自然地流淌出一种魅力，很多人都喜欢她，因为她也确实足够自信和优秀。拥有特长的人，不论男人还是女人都更容易受别人的尊重和欢迎。

不要以为特长只是一种华而不实的东西，事实上，特长就是你的特色标签，能让人们发现你、记住你，在这个过程中，一些本来可能降临到你身上也可能降临到别人身上的好运气就很可能降临到你身上。

我们都很熟悉的香港金牌主持人——肥肥，可以说她拥有许多女性都无法接受的身材，但她并没有因此而悲观绝望、自叹自怜，而是乐观豁达地面对现实，把自己活泼可爱的一面和机警而又随意的口才淋漓尽致地展现出来。一直以来，她的发型是洋娃娃式的小卷发，服装是公主裙、背心裙并饰有颜色明快的蝴蝶结、小花朵等，甚至眼镜是蝴蝶型的都几乎没有变化，正是因为她懂得挖掘自己的个人魅力和风格并将它保持，直至成为自己的标志。而事实证明，她的努力成功了，她富有亲和力的主持风格被广大电视观众所接受并越来越受欢迎。

个性色彩强烈的女性常具有一种震撼人心的魅力，这是因为她常能掀起心灵的风暴，从风度、气质上表达丰富的内心世界和深层的吸引力。她们大多具有很强的自尊心、自信心和进取心。她们大多能从本质上和微妙的情感意识上排斥传统女性所特有的脆弱性和依附性。她们并非排斥古典优美的女性文化，但绝对排斥古典女性的意识。她们立志崛起现代女性的鲜明个性，展示当代女性的独特魅力。

那些懂得去培养自己个性和特长的女性，都是聪明、勤奋且上进的女性，她们懂得如何使自己的生活更加丰富多彩，而且她们也确实通过特长在一定程度上改变了自己的生活。

懂得知足，生活需要微笑点缀

正是那种苛求完美的态度，让人的精神背负着如此沉重的包袱，给人带来了莫大的焦虑、沮丧和压抑，结果是我们哪方面都感觉不满意。

生命给予我们每个人的都是一座丰富的宝库，但你必须学会选择，选择适合自己的。而每一个选择都会有不同的结局，如若全盘皆收，终将落得全盘皆输。选择总有缺憾，不能尽善尽美、如愿以偿，人生有些缺憾才是正常的。人生有所失才会有所得，只有放弃一部分，才会得到另外一部分。只有放弃某种我们凭“惯性”而固守的东西，才会得到另一些真正裨益人生的东西。

在奥黛丽·赫本去世的时候，《纽约时报》发表了一段社论，可谓对赫本的最佳写照："40年之后，纵然岁月的痕迹爬上她的额头，眼角布满鱼尾纹，下巴的弧线也变得模糊，人们想到奥黛丽·赫本仍会为之动容、为之微笑、为之怀念。

"赫本从来不摆出一副雍容华贵的样子，也不掩饰自己的衰老。她就像任何一个63岁的老人，比那些不愿暴露年龄的同龄人更加镇定自如。真希望她能再长

寿些，教育我们如何进入老年。”

采访者：女人能在告别青春之后仍然保持美丽和活泼吗？

奥黛丽·赫本：我们一定要承认衰老。否则该怎么办呢？难道自杀吗？

她曾说：“随着年龄的增长，你能感到身体的变化，但是你一定要接受这样的变化，因为每个人都会经历这个阶段。要告诉自己没有人永远活在18岁，否则你就会在某天发现自己的皱纹和白发时彻底崩溃。

“我并不惧怕（衰老），我只是希望不要变老，因为我热爱生命。当然我会尽可能保持外表的年轻，在这方面，我也有女人的虚荣心。

“人人都喜欢更年轻些，拥有更多的时光。但是年老也有好处，你不必再承受年轻时的压力和紧张。如果我现在20岁，我肯定不会如此安详地交谈，因为我必须闯天下、见世面、证明自己的能力、寻找生存的空间。我可不能在瑞士家中的苹果树下尽情享受休闲时光。”

追求尽善尽美是人的一种普遍的心态，人们总是希望自己的事业有成就，希望自己永远年轻，希望自己的爱情美满，希望自己的人际关系良好，希望……总之希望生活的方方面面都好。正是这种苛求完美的态度，给人的精神背负着如此沉重的包袱，给人带来了莫大的焦虑、沮丧和压抑，结果是我们哪方面都感觉不满意。

“金无足赤，人无完人”，我们应该认识到自己的能力是有限的，不可能把所有的事情都做得尽如人意。如果一味地去苛求面面俱到，只会使自己陷入焦灼不安之中。其实，要仔细审视一下自己，虽然不能把一切做得尽善尽美，但只要我们尽力做到最好，而不理想的那一部分，勇敢地接受它且善待它，人生就会有许多快乐。

在河的两岸，分别住着一个和尚与一个农夫。

和尚每天看着农夫日出而作、日落而息，生活看起来非常充实，他十分羡慕。而农夫也在对岸看见和尚每天都是无忧无虑地诵经、敲钟，生活十分轻松，令他非常向往。因此，在他们的心中产生了一个共同念头：“真想到对岸去！换个新生活！”

有一天，他们碰巧见面了，两人商谈一番，并达成交换身份的协议，农夫变成和尚，而和尚则变成农夫。

当农夫来到和尚的生活环境后，这才发现，和尚的日子一点也不好过，敲钟、诵经的工作看起来很悠闲，事实上却非常烦琐，每个步骤都不能疏漏。更重要的是僧侣刻板单调的生活非常枯燥乏味，虽然悠闲，却让他觉得无所适从。于是，成为和尚的农夫每天敲钟、诵经之余都坐在岸边羡慕地看着在彼岸快乐工作的其他农夫。

至于做了农夫的和尚，重返尘世后，痛苦比农夫还要多，面对俗世的烦忧、辛劳与困惑，他非常怀念当和尚的日子。

因而他也和农夫一样，每天坐在岸边羡慕地看着对岸步履缓慢的其他和尚，并静静地聆听彼岸传来的诵经声。

苛求完美的人们永远不会对生活满意，也就永远过不上自己想要的生活。事物的本来面目就是这样：世事大多并不完美！“找一片最完美的树叶”，人们的初衷总是美好的，但是，如果不切实际地一味找下去，最终往往只会吃尽苦头。直到有一天你才会明白为了寻求“一片最完美的树叶”而失去许多机会是多么得不偿失。况且，人生中“最完美的树叶”又在哪里呢？童话故事中的完美在生活中是不存在的，我们可以追求生活中的美，但不能奢求完美，我们要善待自己，不要和自己过不去，用一颗平常心来对待生活、对待人生，就会拥有幸福的生活。

每个人的人生都会有苦恼。然而，有时人生的苦恼不在于自己获得多少、拥有多少，而是因为自己想得到更多。人有时就是因为想得到的太多，而自己的能力很难达到，所以便感到失望与不满。

知足者常乐，知足者能认识到无止境的欲望和痛苦，于是就干脆压抑一些无法实现的欲望，这样虽然看起来比较残忍，但它减少了更多的痛苦。在能实现的欲望之内拼命为之奋斗，一旦得到了自己的所求，快乐便油然而生，每上进一个台阶，快乐的程度也会上进一个台阶。只有经常知足，在自我能达到的范围之内去要求自己，而不是刻意去勉强自己、去强迫自己，才能自觉地知足，才能心平气和去享受独得之乐。

奥黛丽·赫本说过：“我是个个性内敛的人，乐意独处，钟情户外活动，喜欢和狗一起散步，欣赏四周的绿树、花草和蓝天。”看，快乐就是这么简单。